AI와 문서 해독

인공지능총서

인공지능 시대입니다. 기계가 인간의 인지를 대신하고, 사물이 인간을 통하지 않고 다른 사물과 직접 커뮤니케이션합니다. 이에 따른 인간 삶과 문명 변화를 정확히 이해·예측·대응하는 것은 이 시대 우리 모두의 과제입니다. 인공지능총서는 인공지능 기술과 환경의 여러 주제를 10가지 키워드로 정리합니다. 관련 개념과 이론, 학계와 산업계의 쟁점, 우리 일상의 변화를 다룹니다. 인간과 기술의 현재, 미래를 세심히 분석합니다.

일러두기

- 인명, 작품명, 저서명, 개념어 등은 한글과 함께 괄호 안에 해당 국가의 원어를 병기했습니다.
- 외래어 표기는 현행 어문규정의 외래어표기법을 따랐습니다.

AI와 문서 해독

이홍구

대한민국, 서울, 커뮤니케이션북스, 2025

AI와 문서 해독

지은이 이홍구
펴낸이 박영률

초판 1쇄 펴낸날 2025년 3월 13일

커뮤니케이션북스(주)
출판 등록 2007년 8월 17일 제313-2007-000166호
02880 서울시 성북구 성북로 5-11
전화(02) 7474 001, 팩스(02) 736 5047
commbooks@commbooks.com
www.commbooks.com

ISBN 979-11-7307-662-6 03500

책값은 뒤표지에 표시되어 있습니다.

차례

AI로 점차 풀려 가는 인류의 난제들

흔히 글로 기록되기 시작한 때부터를 '역사시대'라고 하며, 그러한 기록물을 문서라고 한다. 역사시대에 일어난 다양한 사건들과 당대의 문화는 대부분 이러한 문서를 통해 확인되고 연구된다. 따라서 고문서를 해독하는 것은 인류의 과거를 추론해 내는 데 가장 중요한 지점이 된다.

그러나 모든 문서들이 해독되어 있는 것은 아니며 현대에도 미해독으로 남아 있는 문서들이 다수 있다. 이러한 미해독의 원인은 다양한데, 먼저는 문자나 언어 자체가 해독되지 않은 경우들이 있다. 가령 크레타(Crete)섬에서 발견된 선형 A(Linear A) 문자로 기록된 문서들은 아직도 그 문자나 언어가 무엇인지 밝혀지지 않았고 해독도 되지 못한 상태다. 반면 언어나 문자는 알려져 있지만 문서의 수가 너무나 많아 미해독으로 남아 있는 경우가 있는데, 서양에서는 라틴어로 된 다양한 기록들이 그러하고 한국에서는 조선시대 기록인 『승정원일기』가 그러하다. 이 외에도 문서가 훼손되어 내용을 읽어 낼 수 없는 경우도 다수 있다.

이러한 미해독 문서를 해독함으로써 새로운 역사적 사실이 드러나기도 한다. 이에 대해서는 기원전 1275년 이집트와 히타이트 제국 사이에 벌어진 카데시 전투를 예로 들 수 있다(연규동, 2023). 이전까지 참고할 수 있었던 사료는 이집트 측의 기록뿐이었는데, 해당 기록에는 이집트가 전투에서 승리한 것으로 되어 있었다. 그러나 이후 히타이트 점토판이 발견되면서 상황이 달라졌다. 해당 기록에는 히타이트 제국이 우세를 점한 것으로 나타났기 때문이다. 물론 어느 쪽의 말을 믿을 수 있을지는 확실히 말하기 힘들다. 그럼에도 미해독 문서를 통해 인류 역사의 빈칸을 어느 정도 채우는 것이 가능하다고 말할 수 있다.

아쉽게도 현재 남은 미해독 문서들은 사람의 힘으로 해독하기 어렵거나, 너무 많은 인력이 필요해 아직 완료되지 못한 것들이 대부분이다. 즉 이들은 '인류의 난제'라고 부를 만한 것들이다. 그러나 최근 들어 딥러닝 기술의 발달로 사회의 여러 분야에서 인간이 풀 수 없던 다양한 문제들이 해결되기 시작했다. 고문서 해독도 마찬가지다. 인공지능을 통해 미해독 문제의 실마리가 보이기 시작한 것이다. 이러한 변화는 마치 현미경의 발명이 과학의 여러 분야에 혁명적인 영향을 미쳤던 것에 비견될 만한 일이라 할 수 있다. 이에 본서는 인공지능이 고문서 해독에 기여했거나 기여할 가능성이 있는 분야들에 대해 사례를 중심으로 소개해 보려 한다.

문서 해독의 유형

문서 해독이라 하면 흔히 이집트 상형 문자나 메소포타미아 쐐기문자를 해독하는 고고학자를 떠올리기 마련이다. 본서에서 사용하는 '해독(解讀, decipherment)'은 상당히 느슨한 용어로, "지금까지 이해되지 않았던 글을 해독하는 것"(Daniels, 2006) 정도에 해당한다. 이는 미해독 언어나 문자로 되어 있지는 않지만 아직 미답의 영역으로 남아 있는 문서들을 포괄적으로 다루기 위해서다.

아울러, 단순히 '해독'이라는 용어를 사용하면 일반적인 사람들은 무엇에 대한 것인지 알기 어려울 수 있는데, 가령 '암호 해독'을 연상할 수 있다(물론 두 분야가 아주 밀접하게 관련되어 있다는 사실을 부정할 수는 없다). 불필요한 오해를 피하기 위해 '문서 해독'이라는 용어를 사용하도록 한다.

이와 관련해서 겔브와 휘팅(Gelb & Whiting, 1975)이 '언어(language)'와 '문자(writing system)'를 조합해 네

	알려진 문자	알려지지 않은 문자
알려진 언어	O	I
알려지지 않은 언어	II	III

가지 유형으로 나누어 제시한 바 있어 참조할 만하다.

먼저 유형 O는 알려진 문자로 알려진 언어를 기록한 경우로, 우리가 일상생활에서 경험하는 읽기도 여기에 포함될 수 있다. 거리를 지나다니며 간판을 읽거나 휴대전화로 뉴스 기사를 읽는 등의 행위가 여기에 포함되는 것이다(겔브와 휘팅은 일상적인 개념으로 제시한 것은 아닌데, 본서에서는 설명을 위해 좀 더 포괄적인 의미로 활용한다).

물론 이 유형에는 해독 가능한 시기의 언어와 문자로 된 고문서의 해독도 포함될 수 있다. 한글로 기록된 중세 문헌을 해독하거나, 차자 표기로 기록된 향가를 해독하는 행위도 여기에 속할 수 있다. 더불어 해독 가능하지만 다양한 이유로(손상되어 있거나, 양이 너무 많거나) 해독되지 않은 고문서들도 이 유형에 속할 수 있다. 그러한 것들이 유형 O의 주요 난제가 될 수 있으며, 인공지능으로 극복할 만한 부분이라 할 수 있다.

유형 I은 알려진 언어가 알 수 없는 문자 체계로 기록된 경우로, 자료만 충분히 주어진다면 각각의 문자의 음가나 의미를 알아내 해독하는 것이 가능하다. 물론 문자에도 여러 종류가 있는데 이에 따라 해독의 난이도가 달라질 수 있다.

문자는 가장 일반적으로는 소리를 나타내는 표음문자(表音文字)와 의미를 나타내는 표의문자(表意文字)로 나뉜다. 표음문자에는 알파벳과 같이 개별 글자가 음소(音素)를 나타내는 음소문자(音素文字)와, 일본의 가나 문자와 같이 개별 글자가 음절(音節)을 나타내는 음절문자(音節文字)가 있다.

음소문자는 매우 한정된 수로 구성되어 있어서 개별 문자의 음가를 알아내기가 비교적 쉽다. 가령 한글을 모르는 학자가 이를 해독한다고 하면 자음 14자와 모음 10자, 총 24자의 음가만 해독해 내면 되는 것이다. 반면 음절문자는 기호의 수가 더 많아 음소문자보다 해독하기 어렵다. 예를 들어 한국어 표준 발음의 음절은 총 3,048자에 달한다. 이는 곧 한국어를 음절문자로 표기하기 위해서는 최대 3,048자가 필요하다는 것을 뜻하는데, 이들의 음가를 일일이 확인하는 것은 매우 힘든 일이다(물론 그렇게 경제적이지 못한 방식으로 구성되는 문자는 많지 않다).

더 나아가 표의문자는 개별 문자가 단어나 형태소를 지칭하기 때문에 이론적으로는 무한히 많은 문자가 만들어질 수 있다. 이러한 문자 체계로 된 문서를 해독하는 것은 상당히 어려운 일이 되나, 통계나 인공지능을 활용하면 어느 정도 난도를 낮추는 것도 가능하다(본서는 전공 지식을 전달하려는 목적을 가지지는 않기에 모라 문자, 형태소/단어 문자 등의 용어는 쓰지 않는다).

유형 Ⅱ는 알려지지 않은 언어가 알려진 문자 체계로 작성된 경우로, 언어학적인 도움이 더 많이 필요하다. 반복적인 출현 패턴을 분석해 문법 요소의 목록을 작성하고 각각의 기능을 찾아가는 방식으로 새로운 언어를 기술해 나가야 하기 때문이다.

물론 세계 각지의 언어가 다양하게 구성되어 있기는 하나, 그 안에는 나름의 보편성이 존재한다고 알려져 있다. 예를 들어 영어나 프랑스어와 같이 동사가 목적어보다 앞에 오는 언어들에는 대체로 전치사(in, to, for 등)가 있다. 반대로 한국어나 일본어는 동사가 목적어보다 뒤에 나오고 전치사 대신 후치사가 있다. 따라서 언어들 사이의 다양성과 유사성을 연구하는 언어 유형론의 도움이 주효하다. 이제는 자연어 처리 기술이 발달하고 있으므로 유형론적 지식을 여러 단계에 적용하는 것도 가능하다.

다만 언어학적 분석만 가지고 해독을 진행하는 것은 한계가 있어서 외적 증거의 도움이 절실하다. 가령 해당 지역의 역사와 문화를 알 수 있다면, 그것들을 통해 고유명사들을 파악하는 것이 가능하다. 대체로 명사의 주변에는 문법 요소가 부착되기 마련이므로 이러한 고유명사들을 체계적으로 분석하면 문법 요소를 식별하는 것도 가능하다.

물론 그렇다고 해도 해독이 어려운 문서들은 여전히 존재한다. 로마자의 모태가 된 것으로 유명한 에트루리아 문명(Etruscan civilization)의 경우 문자 체계는 어느 정도 식별되지만, 여전히 그 언어에 대한 분석은 충분하게 이루어지지 못했다. 그 결과 그 문서들도 미해독 상태로 남아 있다.

마지막 유형 Ⅲ은 알려지지 않은 언어가 알려지지 않은 문자 체계로 작성된 경우로, 해독이 가장 어렵다. 만약 처음 출토된 비문이 있다면 일단은 유형 Ⅲ으로 분류될 것이다. 이윽고 해당 문자 체계와 언어가 식별된다면 유형 Ⅰ이나 유형 Ⅱ로 전환될 수 있으며, 완전히 해독되면 유형 O로 전환되는 식인 것이다. 즉 문서 해독의 네 가지 유형은 서로 단절된 것이 아니고 어느 정도 연결되어 있다.

문서 해독의 여러 단계

문서 해독은 다양한 학문 분야와 연관되어 있다. 유럽의 전통적인 문헌학(philology)뿐만 아니라 현대의 언어학(linguistics), 역사학(historiography), 서지학(bibliography) 등도 각기 다른 방식으로 문서 해독과 연결된다. 이러한 분야의 규칙과 방법론이 완전히 통일되어 있지는 않다. 여기에서는 일반적인 해독 과정을 소개하고, 특히 인공지능이 기여할 수 있는 부분에 초점을 맞추어 살펴보고자 한다.

문서의 해독 과정은 다음과 같은 네 단계로 요약할 수 있다. 이때 중요한 점은, 해독 과정이 단 한 번으로 끝나는 것이 아니라 반복적으로 수행되며 점차 더 나은 결과를 도출하는 방향으로 나아간다는 것이다.

1단계 : 문서의 수집

먼저 해당하는 문서들을 수집해야 한다. 초창기 문서 해독에서는 이 단계가 특히 중요했는데, 실물 문서를 확인하는 것부터 어려웠기 때문이다. 반면 현대에는 디지털 인문학(Digital Humanities)의 발달로 각종 데이터베이스가 잘 구축되어 있기 때문에 이러한 과정이 비교적 수월하게 이루어질 수 있다. 대체로 관련 자료들은 해당 소장 기관의 홈페이지에서 확인할 수 있으며, 이들을 한번에 이어 주는 플랫폼을 활용할 수도 있다. 이제는 누구나 고화질 문서에 접근할 수 있는 것이다.

여기에 더해서 현대에는 문서를 수집하면 자연어 처리에 활용하기 위해 원문을 전산화하는 과정도 거친다. 대표적인 예로 페르세우스 프로젝트(Perseus Project)를 들 수 있다. 1987년부터 시작된 이 프로젝트에서는 그리스 고전 문헌을 수집하고 원문에 번역을 붙여 서비스하고 있다. 이러한 전산 입력은 기본적으로는 인간이 직접 그 목록을 확인하고 입력하는 방식을 취하며, 문자 인식 기술을 활용해 자동화하는 것도 가능하다.

2단계 : 언어 · 문자의 식별

문서가 이미 알려진 언어나 문자 체계로 되어 있음을 확인한다면 해독의 유형 자체가 변경될 수 있다. 최소한 알려진 언어나 문자 체계와 유사한 모습을 보이거나, 지리적 · 시대적 배경이 확인된다면 해독의 난도가 더 쉽게 조정될 수 있다. 이러한 까닭에 전통적으로 문서 해독 연구자들 중에는 세계의 다양한 언어와 문자 체계를 학습하고 고고학, 역사학 등 여러 분야에 정통한 사람이 많았다.

이러한 과정을 이제는 인공지능이 어느 정도 수행할 수 있다. 구글 딥마인드(DeepMind)에서 만든 이타카(ITHACA)와 같은 모델이 대표적인데, 해당 문서가 작성된 지역이나 시대를 추정해 해독을 보조하는 것이 가능하다. 이 외에도 몇몇 특성을 관측해 가능성이 있는 언어의 목록을 제시해 주는 모델도 개발되고 있다. 가령 어떤 언어에서 특정 음운론적 제약을 발견했다면 유사한 제약을 지니고 있는 다른 언어를 찾아 제시해 주는 식이라 할 수 있다.

3단계 : 문자 목록의 작성 및 연쇄 패턴의 탐색

이어서 사용된 문자의 목록을 작성하고 반복적으로 등장하는 연쇄 패턴을 확인하는 과정을 거친다. 이때 같은 문자를 표기한 이표기(allograph)를 식별하거나, 문자들 사이의 경계선을 확인하는 작업이 특히 중요하다. 문자 목록을 작성하면 해당 문자의 특성도 확인할 수 있게 되는데, 그러한 특성을 통해 문자의 유형을 추정하는 것이 가능하다. 또한 반복적으로 등장하는 패턴들을 찾으면 지리적, 시대적 특성을 통해 유추한 고유명사들과 대조해 보는 것도 가능하다.

인간은 개별 패턴을 대조하고 분석하는 것에는 능하지만, 전체 문서를 한번에 조망하거나 빈도를 따져 중요한 패턴을 확인하는 데에는 능하지 못하다. 반면 인공지능은 대량의 데이터를 한번에 분석하는 데 능하기 때문에 이표기를 식별하고 연쇄 패턴을 신속히 추출하는 데에 도움을 줄 수 있다. 가령 문자의 사용 빈도와 분포를 정량적으로 분석해 줄 수 있으며, 군집화 알고리즘을 통해 문자 간의 관계를 체계적으로 정리할 수도 있다.

4단계 : 언어학적 분석과 번역

앞선 과정들을 종합해 언어학적 분석을 진행한다. 이는 크게 두 과정으로 나눌 수 있다. 먼저는 음운론의 영역이다. 구체적으로는 고유명사 표기를 살펴 개별 문자의 음가를 배당하는 것이 가능하다. 또다른 부분은 문법론의 영역이다. (주로 고유명사 표기의 주변에) 반복적으로 등장하는 요소를 확인할 수 있는데, 이들은 문법 요소에 해당할 가능성이 높다(물론 언어의 유형에 따라 다른 분석 방법이 적용되어야 한다). 특히 동일한 내용이 다른 언어나 문자로 기록되어 있다면 이들을 비교해 해당 문법 요소의 기능을 식별해 내는 것도 가능해진다.

이러한 언어학적 분석에는 아직 인공지능이 개입할 수 있는 것이 많지 않다. 그러나 해독을 마치고 유형 O의 단계로 전환되면 데이터셋을 구성해 남은 문서들을 자동으로 번역할 수 있는 모델을 만드는 것은 가능하다. 이러한 모델은 작업의 능률을 크게 향상시켜 줄 수 있다.

이때 한 가지 사항을 추가할 수 있다. 바로 '복원'이다. 고문서들은 대체로 오랜 세월을 지내 왔기 때문에 크고 작은 손상이 있을 수밖에 없다. 특히 이집트 문헌 중에는 기원전 3000여 년경에 만들어진 자료들도 있는데 현실적으로 이러한 문헌들이 전혀 손상되지 않고 보존되어 있기란 매우 어려운 일이다. 따라서 해독 이전에 혹은 해독 중에 복원 작업이 필요하다.

한편 해독을 통해 번역에 도달한 다음에는 텍스트 분석을 통해 심화된 이해로 나아갈 수도 있는데 이것도 넓은 의미에서 문서 해독으로 포괄할 수 있다. 텍스트의 내용을 체계적으로 분석함으로써 비슷한 시기의 다른 문서와의 관계성, 저자나 필경사의 식별, 문서의 장르 등 다양한 내용을 확인할 수 있는 것이다. 이는 현대의 텍스트 마이닝과 접목되어 여러 성과를 내고 있다.

본서는 이러한 문서 해독의 전체 과정을 단계적으로

살펴보는 방식으로 구성되었다. 각 챕터는 해독의 순차적 과정을 반영해 체계적으로 배열되었으며, 독자가 단계별 흐름을 따라가며 이해할 수 있도록 설계되었다.

먼저 1장에서는 해독의 대표적 사례인 로제타 스톤 해독 과정을 소개하며, 2, 3장에서는 이 책에서 활용하는 인공지능 기술에 대해 설명해 이해를 위한 기초를 마련한다. 이후 4장에서는 해독의 첫 단계인 문서의 수집과 관계된 고문서 전산화에 대해 다루고, 이 외에 전산화가 어려운 문서들의 복원 과제는 5장과 6장에서 심층적으로 다룰 예정이다. 본격적인 해독의 여러 단계에 인공지능이 도움을 줄 수 있는 영역에 대해서는 7장에서 정리해 볼 것이다. 끝으로 고문서에 대한 자동 번역 과제는 8장에서, 번역 이후 더 깊은 이해를 위한 텍스트 분석은 9장에서 다룬다. 마지막 10장에서는 앞으로 해독이 나아갈 방향에 대해 제시해 볼 것이다.

범인이 천재의 영역에 도전할 수 있는 시대

과거에는 문서 해독을 위해 연구자가 갖춰야 할 조건이 꽤나 많았다. 역사학과 고고학에 대한 폭넓은 지식을 갖추고 있어야 할 뿐만 아니라, 다양한 언어와 문자에 대한 이해도 가지고 있어야 했다. 이러한 능력을 모두 갖추었다고 해서 곧바로 해독 작업을 할 수 있는 것도 아니다. 18~19세기에 원본 자료를 구하는 것은 불가능에 가까웠고, 심지어는 좋은 탁본을 얻는 일조차도 매우 어려웠기 때문이다. 이처럼 과거의 문서 해독은 소수 엘리트들의 지적 역량에 의존해 왔다고 해도 과언이 아니다.

그러나 이제는 미해독 문서의 실물 사진이나 텍스트를 인터넷에서 쉽게 구할 수 있게 되었다. 관련 지식 역시 유튜브 강의나 인공지능 챗봇을 통해 손쉽게 접근할 수 있다. 인공지능 모델을 통해 특정 언어나 문자 체계를 추정하거나 번역할 수 있으며, 훼손된 부분을 복원하는 일까지 가능하다. 접근 자체가 어려웠던 해독에 이제는 누구나 뛰어들 수 있게 된 것이다. 다시 말해 천재들이 해결하지 못한 난제에 평범한 사람들도 도전할 수 있는 시대가 열렸다.

참고문헌

연규동(2023), 『세계의 문자 사전』, 따비.

Daniels, P. T.(2006). Decipherment, *The Encyclopedia of Language and Linguistics(Second edition),* Elsevier. 371-374.

Gelb, I. J., & Whiting, R. M.(1975). Methods of Decipherment. *Journal of the Royal Asiatic Society, 107*(2), 95-104.

Advanced techniques for the decipherment of ancient scripts.
Rogers, H.(2005). *Writing Systems: A Linguistic Approach*, Blackwell.

01
문서 해독의 모범: 로제타 스톤

로제타 스톤은 1799년 나폴레옹의 이집트 원정 중 발견되었으며, 이를 통해 고대 이집트의 문자와 언어가 해독될 수 있었다. 특히 샹폴리옹은 다중 언어 자료와 콥트어 등 여러 증거들을 활용해 이집트 문자의 음가와 용법을 규명했으며, 이는 고대 이집트어는 물론 그 역사와 문화를 밝히는 연구의 시발점이 되었다. 이에 해독의 모범 사례로서 로제타 스톤의 해독 과정을 살펴보도록 한다.

로제타 스톤

로제타 스톤(Rosetta stone)은 1799년 나폴레옹의 이집트 원정 당시 라시드(Rashid) 요새를 보수하는 과정에서 발견되었다. 이 라시드의 옛 지명이 바로 로제타다. 로제타 스톤은 1.2m 정도의 높이에 750kg의 무게로 된 비석으로, 세 가지 문자로 구성되어 있다. 그중 하나는 그리스 문자로 발견 당시에도 어느 정도 해독이 가능한 수준이었지만 나머지 두 문자는 해독할 수 없었다고 한다. 후에 이들은 각각 성각문자(hieroglyph)와 민중문자(demotic)로 밝혀졌다(성각문자는 고대 이집트에서 사용된 문자로, 기원전 3000년경에 처음 출현했다고 알려져 있다. 성각문자는 두 종류의 흘림체로 발달한 바 있는데, 그중 하나가 바로 민중문자다). 비문 자체는 기원전 196년경에 제작된 것으로 프톨레마이오스 5세를 예찬하는 내용을 담고 있다.

로제타 스톤의 해독에는 약 20여 년이 걸렸으며, 여러 학자들이 해독에 뛰어들었으나 결국 프랑스의 샹폴리옹(Jean-François Champollion)에 의해 해독되었다. 로제타 스톤의 해독은 흔히 최초의 해독으로 일컬어진다. 물론 그전에도 다양한 미해독 문자나 문서에 대한 해독이 이루어진 적이 있었고, 비슷한 시기에 쐐기문자로 된 베

히스툰 비문(Behistun Inscription)의 해독이 이루어지기도 했다. 그럼에도 로제타 스톤 해독이 최초의 사례로 언급되곤 하는 것은 체계적이고 모범적인 접근법을 보여 주었기 때문이다. 특히 동일한 내용을 서로 다른 문자와 언어로 기록한 문서를 비교 분석함으로써 해독에 이르는 과정은 이후 다른 해독 과제에도 여러 차례 적용되었다. 이러한 점에서 로제타 스톤의 해독은 문서 해독의 전형적 모델을 제시한 사례로 평가된다.

더불어, 당시 유럽에서는 이집트학(Egyptology)이 선풍적인 인기를 끌고 있었는데, 심지어 모차르트의 오페라 〈마술피리〉(1791)와 같은 예술 작품에도 이집트적인 요소가 반영되기도 했다. 이러한 시점에서 로제타 스톤의 해독은 이집트의 다양한 역사 · 문화적 사실을 밝혀내는 데 중요한 기여를 했고, 그 파급력도 매우 컸다.

한편 나폴레옹이 영국의 넬슨 제독에게 패배한 직후라는 정치적 상황도 큰 영향을 미쳤다고 할 수 있다. 로제타 스톤을 발견한 것은 프랑스지만 옮겨진 곳은 영국이며, 현재에도 영국 박물관(British Museum)에 소장되어 있기도 하다. 이러한 점에서 로제타 스톤의 해독은 대중의 관심을 끌기에도 충분했다.

로제타 스톤 해독의 여러 단계

이제부터는 해독의 과정을 앞서 제시한 단계에 맞추어 살펴보려고 한다. 다만, 시작하기에 앞서 전쟁터나 다름없는 원정길에서 이 중요한 돌덩이를 어떻게 발견했을까에 대해 의문을 품는 독자가 있을 듯하다. 흥미롭게도 나폴레옹은 이집트 원정에 많은 학자, 예술가들을 데리고 갔다고 한다. 이들은 군대와 함께 이집트를 돌아다니며 발견한 유적이나 문자들을 기록했는데, 이러한 까닭에 로제타 스톤의 중요성도 일찍부터 조명되었다고도 할 수 있다.

1단계 : 문서의 수집

나폴레옹 원정대의 대표적인 구성원으로 화가 도미니크 비방 드농(Dominique Vivant Denon)을 꼽을 수 있다. 그는 『이집트 묘사(Description de l'Égypte)』에 "이 언어가 세상에 알려진다면, 그것을 읽는 데 몇 달이 걸릴 것이고, 그것을 베끼는 데는 몇 년이 걸릴 것이다(Si cette langue était connue du monde, il faudrait des mois pour la lire et des années pour la copier)"라는 말을 남긴 바 있다. 이를 통해 전사 자체가 매우 어려웠음을 추론해 볼 수 있다(물론 그것을 읽는 데는 몇 달이 아니라 수십 년이 걸렸다).

원정 당시에는 간단한 스케치를 통해 성각문자를 전사하는 방법이 주를 이루었고[우리가 지금 사용하는 연필을 개발한 사람은 니콜라자크 콩테(Nicolas-Jacques Conté)인데, 흥미롭게도 그도 나폴레옹의 이집트 원정에 참여한 학자 중 한 사람이다. 원정 바로 직전인 1795년 그가 개발한 연필 제조 기술이 없었다면 이러한 스케치조차도 확보하기 어려웠을 수 있다], 이어서는 비문에 잉크를 바르고 종이를 눌러 찍어 만든 탁본을 활용하는 방식이 사용되었다. 로제타 스톤이 영국으로 옮겨진 후에는 석고를 활용해 복제본을 만들어 몇몇 대학에 배포하기도 했다. 이렇게 만들어진 복사본이 유럽에 퍼져 나가 해독에 활용될 수 있었던 것이다.

이때, 탁본의 경우 제대로 본을 뜨지 못한 부분들이 안 보인다는 문제가 있었을 뿐이지만, 스케치는 문자의 모양 자체를 왜곡할 수 있다는 문제가 있다. 특히 이집트 원정 이후에 출간된 『이집트 묘사』에는 잘못 전사된 문자들이 더러 있었다고 하는데, 이러한 점은 해독에 큰 방해가 되었다.

2단계 : 언어 · 문자의 식별

세 가지 문자 중 그리스 문자는 발견 직후에 이미 식별이 완료되었고, 이를 해독해서 로제타 스톤의 작성 배경과 연대를 추정할 수 있었다. 로제타 스톤에 등장하는 인명으로는 프톨레마이오스(Ptolemy) 5세가 있는데, 그는 기원전 204년부터 기원전 180년까지 이집트를 다스렸던 인물이므로 문헌의 제작 연대도 그 무렵으로 확정할 수 있었던 것이다. 호루스(Horus), 라(Ra)와 같은 이집트 신들의 이름도 확인할 수 있었는데, 이를 통해 대응되는 고유명사를 추적할 수 있는 기반도 세워졌다.

그러나 이 시기 이집트학이 아직 철저하게 정립되지 못했던 까닭에 나머지 두 문자의 식별은 오히려 혼란을 야기하고 말았다. 특히 성각문자가 신비롭고 상징적인 의미를 품고 있는 것 정도로 알려져 있었던 탓에 상상력을 기반으로 해독을 시도하는 사람들이 많았다. 심지어 몇몇 학자들은 왕족이나 신의 이름을 표시하는 타원형 기호 카르투시(cartouche)를 한문의 기호들과 관련지어 이해했고, 그에 따라 많은 사람들이 중국어와 관련짓는다는지 하는 잘못된 방법에 빠져들기도 했다.

반면 샹폴리옹은 유사한 지역에서 사용되었던 콥트어와 콥트 문자가 이전의 고대 이집트 문자 및 이집트어와 어떤 식으로든 관계를 맺고 있다는 가정에서 출발했다. 실제로 이러한 가정은 효과적으로 작용해서 해독의 난도를 크게 낮추었다. 샹폴리옹은 성각문자를 콥트어로 음역하고 이를 다시 프랑스어로 번역하는 방식을 사용했는데, 이는 오늘날까지도 이집트학 연구자들 사이에서 사용되는 방식이다.

3단계 : 문자 목록의 작성 및 연쇄 패턴의 탐색

로제타 스톤의 성각문자와 민중문자를 해독하기 위해서는 해당 문자가 등장한 다른 문헌을 종합적으로 검토할 필요가 있었다. 이러한 시도는 게오르 소에가(Georg Zoëga)에게서 발견되는데, 그는 여러 문헌을 뒤져 958개의 문자를 찾아, 각각이 묘사하고 있는 대상(새, 사람 모양 등)에 따라 유형화하는 방식을 취했다. 샹폴리옹은 총 864개의 성각문자를 변별해 목록을 작성한 바 있으며, 이후에 앨런 가디너(Alan Gardiner)와 같은 학자들이 성각문자를 집대성한 바 있다.

이어서 비교적 손상도가 적은 민중문자에서 반복적으로 등장하는 문자 연쇄 패턴을 찾는 과정을 거쳤다. 특히 해독 가능한 그리스 문자를 통해 프톨레마이오스와 같은 고유명사의 목록을 확보해 놓은 상황이었으므로 찾아낸 패턴들과 고유명사들을 대조해 보면서 해독을 시작할 수 있었다.

가장 먼저 유의미한 결과물을 낸 것은 앙투안이사크 실베스트르 드 사시(Antoine-Isaac Silvestre de Sacy)와 요한 다비드 오셰르블라드(Johan David Åkerblad)다. 드 사시는 민중문자에서 '프톨레마이오스'의 위치를 찾아냈고, 오셰르블라드는 민중문자로 된 문헌들에서 프톨레마이오스, 클레오파트라, 알렉산더, 베레니케 등을 찾아내 어느 정도 읽어 내는 데까지 성공했다.

4단계 : 언어학적 분석

앞서 찾아낸 대응 관계를 토대로 개별 문자들의 음가를 추정할 수 있게 되었다. 여러 학자들은 이집트 문자가 표음문자일 것이라는 가정하에 개별 문자들의 음가를 추정해내기 시작했다. 그러나 모든 문자를 그렇게 풀어낼 수는 없어 문제가 생겼다.

한편 샹폴리옹이 알아낸 바에 따르면 이집트 문자는 단순한 표음문자가 아니다. 성각문자는 본래 상형을 통해 만들어진 것으로 상형한 대상을 가리킬 수 있다. 이러한 용법이 지속되면서 이후에는 특정한 음가도 가리킬 수 있게 발달한 것이다. 예를 들어 ''의 경우 '팔'을 상형한 것으로 실제로 팔의 의미를 지니는데, 동시에 /ʕ/라는 음가를 가지기도 한다. 전자는 표의문자적 사용이고 후자는 표음문자적 사용에 해당한다. 여기에 더해 특이한 결정자(determinative)가 존재하는데, 이는 개별 문자에 덧붙여 그 의미나 음가를 보완하는 기호라고 할 수 있다.

이렇듯 문자에 대한 규명이 완료된 이후에 여러 언어학적 분석이 이어졌다. 먼저 성각문자는 모음을 표기하지 않고 자음만을 표기하는데, 예를 들면 한글의 '가나다'라는 표기를 'ㄱㄴㄷ'라고 표기하는 식이라 할 수 있다. 따라서 모음을 추정해 실제 발음을 복원하는 연구가 이루어질 수 있었다.

한편 반복되는 패턴을 찾아 문법 요소들을 변별해내고 단어의 목록을 작성할 수도 있었다. 이러한 연구들을 통해 고대 이집트어는 서술어-주어-목적어(VSO) 패턴을 가지는 것으로 밝혀졌으며, 성(gender)이나 수를 변별해 주는 문법 요소가 있었고, 굴절어적인 모습을 보이는 것으로 확인되었다(Allen, 2000).

로제타 스톤의 현재

위와 같은 과정을 거치며 로제타 스톤과 고대 이집트 문자, 언어를 해독할 수 있게 되었다. 다만 주의할 것은 샹폴리옹이 모든 내용을 밝혀낸 것은 아니며, 이후의 여러 학자들이 새로운 내용을 조금씩 덧붙여 지금에 이르렀다는 점이다. 이러한 과정에서 해독이 얼마나 어렵고 오래 걸리는 작업인지 알 수 있다.

로제타 스톤을 비롯한 이집트 문자로 작성된 문서들은 이미 어느 정도 전산화가 되어 있으며 현재도 개선을 거듭하고 있다. 말뭉치와 이미지를 제공하는 여러 온라인 플랫폼이 있는데, 쉽게 접근 가능한 곳으로는 독일의 베를린-브란덴부르크 학술원과 라이프치히 작센 학술원이 운영하는 TLA(Tresaurus Linguae Aegyptiae)를 들 수 있다. 3D로 복원한 로제타 스톤도 아래 참고문헌에 제시한 링크에서 확인할 수 있다.

참고문헌

로제타스톤 3D 복원 자료. https://sketchfab.com/3d-models/the-rosetta-stone-1e03509704a3490e99a173e53b93e282

Adkins, L., & Adkins, R.(2001). *The Keys of Egypt: The Race to Crack the Hieroglyph Code*, HarperCollins.

Champollion, J.(1824). *Précis du système hiéroglyphique des anciens Égyptiens* Ⅰ, Ⅱ, Chez Treuttel et Würtz.

Rogers, H.(2005). *Writing Systems: A Linguistic Approach*,

Blackwell.
Allen, J.(2000). *Middle Egyptian: An Introduction to the Language and Culture of Hieroglyphs*, Cambridge University Press.
Fischer, S.(2003). *History of Writing*, Reaktion Books.
TLA(Thesaurus Linguae Aegyptiae).
https://tla.digital/home

02
문서 해독의 기반 기술 1

문서 해독에 적용되는 핵심 기술에는 컴퓨터 비전이 있다. 컴퓨터 비전은 이미지 검출, 분류, 입력에서부터 복원, 생성, 연대 추정에 이르기까지 다양한 분야에 적용될 수 있다. 이 장에서는 차후에 이어질 내용의 이해를 돕기 위해 컴퓨터 비전에 대해 간단한 설명을 제시한다.

컴퓨터 비전

컴퓨터 비전(CV, Computer Vision)은 컴퓨터를 활용해 이미지나 영상을 분석하고 처리하는 기술을 포괄적으로 이르는 말이다. 기본적으로는 주어진 이미지에 대한 분류(Classification) 과제, 이미지에서 특정한 대상의 위치를 탐지(Detection)하는 과제, 이미지를 여러 부분으로 나누고 각각의 클래스를 분류하는 분할(Segmentation) 과제 등이 있다. 일상생활에서 예를 들면, 스마트폰의 이미지 자동 분류 기능이나 카메라의 얼굴 초점 맞추기 기능이 각각 분류와 탐지 과제와 관련되어 있다. 자율 주행 차량이 차선을 감지하고 보행자를 피하는 것은 이미지 분할 기능을 활용하는 것이다. 이 외에도 이미지를 보정하거나 수정하는 것도 컴퓨터 비전에 속하는 과제다.

컴퓨터 비전의 시작에 대해서는 다양한 설이 있으나, 대체로는 1960년대를 기점으로 본다. 2000년대 들어 기계 학습을 활용한 연구가 활발하게 등장하기 시작했는데, 이미지의 특징을 수동으로 추출하고 알고리즘을 설계하는 방식이 사용되었다.

2010년대 들어서는 딥러닝 기술의 발달로 컴퓨터 비전의 활용 영역이나 그 성능이 크게 확장되었다. 특히 2012년 ILSVRC(ImageNet Large Scale Visual Recognition

Challenge)에서 우승을 차지한 AlexNet을 시작으로 VGGNet, ResNet 등 다양한 합성곱 신경망(CNN, Convolutional Neural Network) 기반의 모델이 개발되어 이미지 분류, 객체 탐지, 이미지 분할 등의 인식률이 비약적으로 높아진 것이다. 이러한 CNN 모델은 '합성곱 연산'을 활용해 이미지의 공간 정보를 반영할 수 있다는 장점을 지녀 다양한 컴퓨터 비전 과제에 활용되었다.

2017년에는 트랜스포머 기반 모델이 등장해 인공지능의 판도를 다시 바꿔 놓은 바 있다. 이러한 트랜스포머를 컴퓨터 비전에 적용한 ViT(Vision Transformer)와 같은 모델이 개발되어, 현재도 계속 이미지 처리 성능이 개선되고 있다.

문자 인식

OCR(Optical Character Recognition)은 이미지상의 문자를 자동으로 찾아 인식하는 기술을 말한다. 구체적으로는 이미지 전처리(Pre-Processing), 문자 탐지(Text Detection), 문자 인식(Text Recognition)의 세 과정으로 구성된다. 아마 눈치챘겠지만, 이 과정들은 앞서 살핀 컴퓨터 비전의 여러 과제들과 그 외연이 겹친다. 이미지 전처리는 이미지를 대상으로 노이즈를 제거하거나 왜곡을 수정하는 작업에 해당한다. 문자 탐지와 문자 인식은 이미지상에 있는 객체를 탐지하고, 적절한 클래스로 분류하는 과제에 해당하는 것이다.

OCR은 그 이름에서 알 수 있듯, 본래 광학(Optical) 기반 장비를 활용해서 인쇄물의 문자를 인식하는 방식을 취했다. 그러나 이제는 그러한 장비를 활용하지 않고 디지털 이미지를 대상으로 문자 인식을 수행하는 것이 보통이다. 그럼에도 용어 자체는 그대로 유지되어 사용되고 있다(혹시 '브라운관'이라는 용어를 들어 본 적이 있다면 이해하기 편할 것이다. 브라운관 기술 자체는 이제 사용되지 않지만, 일부에서는 여전히 TV를 지칭하는 데 사용된다). 본서에서 사용하는 OCR이라는 용어도 광학 기반 장비를 활용하는 방식이 아닌 포괄적인 문자 인식 기술을 지칭하는 것이다.

초기 OCR은 몇 개의 표준적인 패턴을 준비하고 입력된 문자와 패턴을 비교하는 방식으로 이루어졌다. 이후 통계적 방식을 활용하거나 기하학적 구조와 모양을 분석하는 방법 등 다양한 방식이 고안되며 발달을 거듭했다(이러한 방식들은 여전히 중요한 역할을 하고 있다).

2010년대 들어 딥러닝이 적용되기 시작하면서 성능이 비약적으로 향상되었다. 딥러닝 모델은 수많은 층으로 구성되어 있는데, 각각의 층이 개별 문자의 다양한 특징을 자동으로 학습함으로써 복잡한 패턴도 효율적이고, 빠르게 인식해 낼 수 있게 된 것이다.

이어서 순환 신경망(RNN, Recurrent Neural Network) 계열 모델을 활용하거나 트랜스포머 기반 모델을 활용해, 문맥까지 고려할 수 있는 모델이 고안되어 그 인식률이 더욱 개선되었다. 즉 컴퓨터가 이전에 나온 내용과 이후에 나온 내용을 확인하고 그사이에 올 수 있는 문자들의 후보를 예측하는 것도 가능해진 것이다.

이러한 OCR 기술은 다양한 방면에 활용될 수 있는데, 가장 대표적으로는 너무 양이 많아 미해독으로 남아 있는 문서들을 디지털화하는 것이 가능하다는 점을 들 수 있다. 이에 대해서는 4장에서 자세히 다루도록 한다.

이미지 복원

고문서는 오랜 세월을 거치며 크고 작은 손상을 입을 수 있다. 이러한 손상을 복구하기 위해 이미지 복원 기술이 필요하다. 사실 이미지 복원은 고문서에만 국한되지 않는데, 손상되거나 품질이 저하된 이미지를 개선하고 복원하는 것은 컴퓨터 비전 분야의 중요한 영역이기 때문이다. 예를 들면 노이즈를 제거하거나 흑백 사진을 컬러로 전환하거나 저해상도 이미지를 고해상도로 변환하는 기술 등이 있다.

물론 딥러닝 기술이 발달하기 전에도 비교적 단순한 복원 작업은 가능했으나, 복잡한 작업에는 한계가 있었다. 딥러닝이 도입되면서 모델이 이미지의 복잡한 패턴을 학습해 더욱 정밀하고 자연스러운 복원이 가능해졌다. 즉 모델이 원본 데이터와 노이즈 패턴을 학습하고 실제 이미지에서 노이즈를 검출해 제거하는 방식을 취할 수 있는 것이다. 이를 통해 오래된 사진의 복원, 의료 영상의 품질 개선, 위성 이미지의 선명화 등 다양한 분야에서 이미지 복원 기술이 실질적으로 활용되고 있으며, 높은 복원 성능을 보여 주고 있다.

이미지 복원에도 앞서 제시한 CNN을 활용할 수 있으며, 이 외에 대표적인 모델로 오토 인코더(AE, Auto Encoder)나 생성적 적대 신경망(GAN, Generative Adversarial Network)을 제시할 수 있다. 이 중 GAN은 기존 데이터를 모방해 새로운 데이터를 만드는 모델로, 두 모델이 서로 목표를 달성하기 위해 적대적으로 겨루는 구조를 지니고 있다는 특징을 지닌다.

최근에는 디퓨전 모델(Diffusion Model)이나 트랜스포머(Transformer) 기반의 모델이 개발되어 더 정교한 이미지 생성이 가능해졌다. 이러한 모델들은 최근 SNS 에서 화제가 되고 있는데, 미드저니(Midjourney), 달리(DALL-E), 스테이블 디퓨전(Stable Diffusion) 등의 모델을 예로 들 수 있다. 몇몇은 오픈 소스로 공개되어 있어 직접 활용해 보는 것도 가능하다.

참고문헌

Goodfellow, I., et al.(2014). Generative adversarial nets. *Advances in neural information processing systems*, 27, 2672−2680.

He, K., et al.(2016). Deep residual learning for image recognition. *Proceedings of the IEEE Conference on Computer Vision and Pattern Recognition*, 770−778.

Ho, J., et al.(2020). Denoising diffusion probabilistic models. *Advances in neural information processing systems*, 33, 6840−6851.

LeCun, Y., et al.(1998). Gradient−based learning applied to document recognition. *Proceedings of the IEEE, 86*(11), 2278−2324.

Memon, J., et al.(2020). Handwritten optical character recognition (OCR): A comprehensive systematic literature review (SLR). *IEEE access, 8*, 142642−142668.

03
문서 해독의 기반 기술 2

문서 해독에 적용되는 또 하나의 기술은 자연어 처리다. 이를 통해 자동 번역이나 복원은 물론 장르나 시대, 저자 등 다양한 기준으로 문서를 분류하는 것도 가능하다. 이 장에서는 차후에 이어질 내용의 이해를 돕기 위해 자연어 처리에 대해 간단한 설명을 제시한다.

자연어 처리

자연어(Natural Language)는 인간이 일상생활에서 사용하는 언어를 의미한다. 현재 인공지능이 빠른 속도로 발전을 거듭하고 있으나, 그렇다고 해서 인공지능이 인간의 자연어를 있는 그대로 이해하는 것은 아니다. 따라서 자연어를 컴퓨터가 이해하고 생성할 수 있도록 처리하는 과정이 필요한데, 이를 자연어 처리(NLP, Natural Language Processing)라 한다.

자연어 처리의 시작은 대체로 1950년대로 거슬러 올라간다. 이후 1980년대까지는 규칙 기반 모델이 주류를 이루었다. 규칙 기반 모델은 단어 목록과 언어학자가 기술한 규칙을 저장해 두고 이를 기반으로 단어와 구문을 분석하는 방식이다. 하지만 정의되지 않은 부분은 처리할 수 없다는 단점이 있다.

1990년대 컴퓨터의 연산 능력이 향상됨에 따라 대규모 말뭉치를 활용한 통계 기반 모델이 등장했다. 이 모델들은 단어의 출현 빈도와 확률을 계산하는 방식을 통해 언어의 패턴을 학습해 규칙 기반 모델보다는 유연하다는 장점을 보였다. 주요 모델로 히든 마코프 모델(Hidden Markov Model), 최대 엔트로피 모델(Maximum Entropy Model), 나이브 베이즈(Naive Bayes) 분류기 등이 있다.

2010년대에는 딥러닝 모델이 자연어 처리 분야에 적용되기 시작했다. 딥러닝 모델은 인간의 개입 없이 스스로 데이터를 학습해 보다 정확하고 효율적으로 자연어를 처리할 수 있다는 장점을 가진다. 컴퓨터 비전에 적용되었던 CNN이 자연어 처리에도 활용되었으며, 이전 정보를 기억해 맥락 처리에 용이한 RNN 계열 모델들도 개발되었다. 이후 2017년에 등장한 트랜스포머 기반 모델은 기존 딥러닝 접근 방식을 뛰어넘는 혁신적인 성과를 보이며 자연어 처리에 큰 변화를 가져왔다. 트랜스포머의 자세한 내용은 아래에서 논의한다.

트랜스포머 기반 모델

트랜스포머는 2017년 논문 "Attention is All You Need"를 통해 제안되었고, 이후 자연어 처리 분야에서 널리 활용되고 있다. 본래 기계 번역과 같은 시퀀스투시퀀스(sequence-to-sequence) 작업을 위해 개발된 모델로, 이전에 주로 사용되던 RNN 기반 모델이 문장이 길어질수록 초반의 단어를 잊어버리게 되던 한계를 극복할 수 있다는 장점을 지닌다. 특히 셀프 어텐션(Self-Attention) 메커니즘을 활용해 입력 문장 내 모든 단어 간 연관성을 학습하며, 긴 문맥을 효율적으로 처리할 수 있다. 이러한 특성은 계산 효율성과 성능 면에서 트랜스포머를 이전 모델들보다 우수하게 만든 주요 요인이다.

최근에 유명세를 탄 GPT(Generative Pre-trained Transformer)와 BERT(Bidirectional Encoder Representations from Transformers)는 트랜스포머의 일부를 활용해 만든 모델들이다. GPT는 디코더 구조를 중심으로 설계되었으며, 이전 단어를 기반으로 다음 단어를 예측하는 방식을 취한다. 특히 텍스트 생성에 강점을 보인다. BERT는 인코더 구조를 활용해 문맥을 양방향으로 분석하며, 문서 분류, 질의 응답 등 언어 이해 작업에 적합하다.

자연어 처리 모델의 구현

자연어 처리 모델은 일반적으로 입력, 전처리, 임베딩, 모델 구현의 네 단계를 거쳐 만들어진다. 아래에서 간단히 살펴보도록 한다.

첫 단계는 정보 입력이다. 자연어를 처리하기 위해서는 텍스트 또는 음성을 데이터로 변환해 의미 있는 신호를 추출해야 한다. 크게는 음성 인식과 문자 인식으로 나눌 수 있다. 음성 인식은 문서 해독과는 관련이 없고, 문자 인식은 앞선 1장에서 자세히 살핀 바 있다. 물론 현재는 이들을 한번에 처리하는 멀티모달(Multimodal) 모델이 주류를 이루는 것으로 보인다.

둘째는 전처리 과정이다. 입력된 데이터는 불필요한 요소를 제거하거나, 분석 가능한 형태로 변환하는 정규화 과정을 거친다. 이 과정에는 텍스트를 문장 또는 단어 단위로 분할하는 토큰화(Tokenization)가 포함된다. 토큰화는 공백 기준의 간단한 방식에서부터 BPE(Byte Pair Encoding)와 같은 서브워드 기반 방식까지 다양한 접근법이 존재한다. 서브워드 방식은 자주 등장하는 문자 조합을 토큰으로 분석해, 데이터가 부족한 상황에서도 효과적인 결과를 제공할 수 있다.

셋째 단계는 임베딩(Embedding)이다. 자연어 처리를 위해서는 자연어를 컴퓨터가 이해할 수 있는 벡터(Vector)로 변환해 주어야 하는데, 이를 임베딩이라 한다. 단어의 등장 빈도를 활용하는 빈도 기반 임베딩에서부터, 함께 사용된 단어를 기반으로 분포를 학습하는 분포 기반 임베딩, 단어가 사용된 순서를 반영해 문장 전체의 의미를 학습하는 문맥적 임베딩에 이르기까지 다양한 방법이 사용된다(최근에는 임베딩의 중요성이 매우 커져서, 단순히 자연어를 벡터로 변환하는 것 이상의 역할을 하고 있다).

마지막 단계는 언어 모델 구현이다. 이 단계에서는 임베딩된 데이터를 학습 데이터로 활용해 모델을 훈련시킨다. 기존 머신러닝 모델은 파라미터를 수동으로 조정해 주어야 하는 경우가 많았지만, 딥러닝 모델은 스스로 최적의 파라미터를 산출하는 방식을 사용해 더 높은 효율성을 보인다. 최근에는 방대한 텍스트 데이터를 사전 학습한 대규모 언어 모델(LLM, Large Language Model)이 자연어 처리의 성능을 획기적으로 개선하고 있기도 하다.

한편 언어 모델의 발전은 다양한 응용 분야에서 큰 성과를 보이고 있다. 특히 성능이 뛰어난 모델들은 전이 학습 과정을 통해 특정 과제에 최적화되어 더욱 효과적으로 사용될 수 있다. 이러한 전이 학습을 유형론적으로 비슷한 언어에 적용할 경우 더 높은 정확도를 보인다는 점이 밝혀졌으며, 이러한 특성을 바탕으로 자원이 부족한 언어에도 활용되고 있다. 이러한 점은 고대어 연구에도 적용될 수 있을 것으로 보인다.

대표적인 응용 과제로는 문서 분류, 개체명 인식, 감성 분석이 있으며, 이는 텍스트 데이터에서 저자, 시대적 특성, 장르를 분석하는 텍스트 마이닝 기법과 연결될 수 있다. 또한 기계 번역과 문장 생성은 대규모 문서 번역

및 소실된 문서의 복원에 활용될 수 있다.

참고문헌

이기창(2019). 『한국어 임베딩』, 에이콘출판사.

Brown, T., et al.(2020). Language models are few–shot learners. *Advances in neural information processing systems*, 33, 1877–1901.

Devlin, J., et al.(2019). BERT: Pre–training of deep bidirectional transformers for language understanding. *Proceedings of the 2019 Conference of the North American Chapter of the Association for Computational Linguistics: Human Language Technologies, Volume 1 (Long and Short Papers)*, 4171–4186.

Jurafsky, D., & Martin, J. H.(2022). Speech and language processing (3rd ed. draft). Retrieved from https://web.stanford.edu/~jurafsky/slp3/

Vaswani, A., et al.(2017). Attention is all you need. *Advances in Neural Information Processing Systems*, 30, 5998–6008.

04
고문서의 전산화

문서 해독을 위해서는 먼저 고문서를 확보해야 한다. 그러나 직접 고문서를 열람하는 것은 매우 어려운 일이다. 이러한 까닭에 현대에는 많은 기관들이 온라인 환경에 고문서를 올려놓고 디지털 박물관 · 도서관을 운영하고 있다. 이제 어디서든 쉽게 자료들을 얻을 수 있는 기반이 열린 것이다.

고문서 전산화의 필요성

문화유산의 중요성이 크게 강조되고 있는 현대에는 국가 차원에서 고문서 보존에 큰 예산을 투입하는 경우가 많다. 이를 통해 다양한 최첨단 기술을 도입해 관리하고 있기는 하지만 그렇다고 손상의 위협에서 완전히 벗어나 있는 것은 아니다. 가장 기본적으로는 대기 중의 산소에 접촉하는 것만으로도 부식될 가능성이 있고, 온도와 습도가 맞지 않을 경우 곰팡이가 생기거나 균열이 생길 수도 있다. 미생물이나 벌레의 공격도 무시할 수 없는 위험이다.

더욱이 고문서는 전쟁이나 자연재해와 같은 상황에 특히 취약하다. 한국의 경우 유네스코 세계기록유산으로 지정되어 있는 『조선왕조실록』을 특별히 많은 일을 겪은 고문서의 예로 들 수 있다. 『조선왕조실록』은 이미 조선시대에 임진왜란(1592~1598)을 거치며 많은 부분이 소실된 바 있다. 이후에 접근이 어려운 깊은 산속에 나누어 보관하게 되었으나, 현대로 오면서 또다시 수난을 겪게 되었다. 오대산본은 일제 강점기에 일본으로 반출되었다가 화재로 유실된 바 있고, 적상산본은 6 · 25 전쟁 때 북한이 가져가 버렸기 때문이다. 이러한 점을 두고 볼 때, 자료 보존의 차원에서 고문서를 전산화해 둘 필요가 있다.

한편 문서 해독을 위해서도 전산화는 필요하다. 해독을 하기 위해서는 일단 연구자가 문서를 볼 수 있어야 한다. 그러나, 문서는 한정되어 있기 때문에 다수의 연구자들이 직접 문서를 보면서 연구할 수는 없다. 더욱이 고문헌을 수장고에서 꺼내 놓는 시간이 길어질수록 손상될 위험도 높아진다. 이러한 차원에서 고화질의 고문서 이미지를 확보해 열람할 수 있다면 연구자들은 언제 어디에서든 해독 작업을 수행할 수 있게 된다는 이점이 생긴다. 사실 이는 연구자에게만 해당하는 사항은 아닌데, 전산화를 통해 더욱 폭넓은 대국민 서비스가 가능해지고, 다양한 교육용 자료로도 활용될 수 있게 되기 때문이다.

그러나 일반인들이 고문서 이미지를 보고 유의미한 정보를 얻기란 매우 힘든 일이다. 이러한 까닭에 단순히 고문서 이미지만 올려 놓는 것이 아니라 해설 자료와 입력 자료, 현대어역 등을 덧붙여 놓는 경우가 많다. 물론 이러한 입력 자료는 일반 대중뿐만 아니라 연구자들에게도 큰 도움이 된다. 입력 자료를 다양한 방면으로 연구에 이용할 수 있기 때문이다. 기본적으로는 문서에서 특정 단어를 찾는 검색 기능이나 자주 나오는 단어를 찾아

내는 등의 단순한 통계 작업이 가능하다. 텍스트 분석을 수행할 수도 있으며 심지어 이를 학습시켜 딥러닝 모델을 구현하는 것도 가능하다.

사실 이러한 자연어 처리와 관련된 과제들은 문서에 대한 입력이 완료되어야 할 수 있는 것들이기도 하다. 본서에서 소개하는 기술들은 대체로 이러한 입력본을 토대로 적용되는 것들인 만큼 문서 해독과 관련해서 전산화의 중요성은 이루 말할 수 없을 정도다.

고문서 전산화의 과정

고문서 전산화의 첫 단계는 문서를 고해상도로 스캔하거나 사진 촬영해 디지털 이미지를 생성하는 것이다. 이어서 스캔된 이미지를 기반으로 자료의 내용을 입력한다. 이때 입력도 아무렇게나 하는 것은 아닌데, 많은 경우 txt 파일을 기반으로 다양한 정보를 담은 태그셋들을 붙인 XML의 형식으로 작성된다(더 경량화된 JSON 형식도 사용된다). 이러한 형식은 특히 웹서비스에 능하다는 강점을 지닌다. 말뭉치 작성에는 TEI(Text Encoding Initiative)라는 세계적인 규약이 있는데, 예를 들면 다음과 같은 형식으로 입력된다.

```
〈TEI〉
 〈teiHeader〉
  〈fileDesc〉
   〈titleStmt〉
    〈title〉충주박물관소장 춘향전〈/title〉
    〈title〉츈향젼〈/title〉
   〈/titleStmt〉
   〈extent〉15931 어절〈/extent〉
   〈publicationStmt〉
    〈idno〉PABB0002.hwp〈/idno〉
    〈p〉이 텍스트는 충주박물관에 소장되어 있는 춘향전 원본을 복사
입력한 것임〈/p〉
   〈/publicationStmt〉
   〈sourceDesc〉
    〈catRef scheme="SJ21" target="PABB"〉역사자료: 1918,
원국문본, 소설류〈/catRef〉
    〈p〉작성 연도: 1918〈/p〉
   〈/sourceDesc〉
  〈/fileDesc〉
 〈/teiHeader〉
 〈text〉
  〈body〉
   〈pb n="01a"/〉
   〈div〉
    〈head〉츈향젼〈/head〉
    〈p〉슉종ᄃᆡ왕 즉위 초에 승득이 너부시ᄉᆞ 승ᄌᆞ신손이
계계승승ᄒᆞ사 금고옥족언 요슌지절이요 의관물물언 우탕에 버금이라
좌우보필은 쥬셩지신이요 용양호위난 간셩지장이라 조졍에 흐르난
덕화 향곡에 폐여잇고 ᄉᆞᄒᆡ에 구든 기운 원근에 폐여잇다 츙신언
만조졍이요 효ᄌᆞ 열여 가가ᄌᆡ라 미ᄌᆡ미ᄌᆡ여 우슌풍조ᄒᆞᆫ이 일ᄃᆡ건곤
승명셰라〈/p〉
```

말뭉치는 세 가지 내용으로 구성되는데, 가장 기본적으로는 원문 텍스트가 있고, 이어서 원문 텍스트에 대한 분석 내용을 담고 있는 주석, 그리고 텍스트의 출처나 저

자 등의 내용을 기록한 메타데이터가 있다. 아울러 원문 텍스트에 대응하는 번역문을 덧붙여 병렬 말뭉치를 구성하는 경우도 있다. 특히 한국어 역사 자료의 경우 대체로 한문 문헌을 언해한 것들이기 때문에 한문 원문을 덧붙인 병렬 말뭉치로 만들어지는 경우가 많다.

그러나 원문 입력을 위해서는 많은 인적 자원이 필요하다. 특히 아무나 고문서 입력에 투입될 수 있는 것도 아닌데, 해당 언어와 문자에 대한 충분한 지식을 갖춘 전문가들이 필요하다. 이들을 고용하는 비용도 만만치 않을뿐더러 단순 작업에 석·박사 이상의 연구 인력을 투입하는 것 자체도 큰 낭비가 될 수 있다. 또한 특정 언어 현상에 대해 사람마다 견해 차이가 있을 수 있고, 능력에 편차가 있을 수 있다는 점도 문제다. 입력한 사람이 달라 개별 부분들이 일관되지 않게 입력된다면 그 자료를 기반으로 수행할 다른 작업의 정확도에도 문제가 생길 수 있기 때문이다. 즉 많은 돈을 들여 구축한 데이터베이스가 무용지물이 될 수 있는 것이다.

입력 작업은 시간도 많이 소요되는데, 일례로 한국 최초의 대규모 말뭉치 구축 사업이었던 '21세기 세종 계획'이 완료되는 데에는 10년(1998~2007)이 걸린 바 있다. 이런 점들을 극복하기 위한 방안으로 제시된 것이 바로 기계를 통한 자동화 방식의 활용이다.

고문서 입력의 자동화

고문서 입력의 자동화에는 OCR 기술이 적용된다. OCR은 이미지에서 문자를 찾아 인식하는 기술로 문자의 위치를 탐지해 분절하고 해당 문자가 무엇인지 확인하는 과정을 거친다. 이러한 OCR 프로그램은 딥러닝을 비롯한 다양한 기술을 통해 구현할 수 있으나, 가장 중요한 것은 품질 좋은 대용량의 데이터를 확보하는 것이다. 아래에서 딥러닝 모델을 활용해 OCR을 구현하는 과정을 간단히 살펴보도록 한다.

OCR과 같은 분류 과제는 주로 지도 학습에 해당한다. 지도 학습을 쉽게 설명하면, 학생에게 문제를 풀게 한 뒤 채점과 오답 풀이 시간을 가져 기존 지식을 조정해 나가는 방식이라고 할 수 있다. 채점과 오답 풀이를 하려면 선생님은 문제의 정답을 알고 있어야 하므로 정답이 라벨링된 데이터가 필요하다. 따라서 먼저 충분한 양의 고문서 이미지에 정답을 라벨링을 해 주어야 한다.

이러한 라벨링 작업은 인간 전문가들이 직접 수행하는 것이 보통이다. 이미 라벨링된 데이터가 있다면 시간을 한참 절약할 수 있다. 물론 이미지에서 문자가 있는 부분을 검출하는 과정 자체는 인공지능의 도움을 받을 수 있다. 비슷한 문자들에 적용되었던 알고리즘을 다시 가져와 적용하면 완전하지는 않지만 어느 정도 작업량을 줄일 수 있게 되기 때문이다.

이어서 확보된 데이터를 모델에 넣어 학습하는 과정을 거친다. 딥러닝 모델은 여러 층을 쌓아 만들었기 때문에 그 안에 수많은 파라미터들이 존재한다. 문자 이미지를 입력하면 파라미터들을 거쳐 특정 문자에 해당할 확률을 계산해 내는 방식을 취하는 식이다. 학습 과정은 바로 이 파라미터를 조정하는 것이다.

개별 파라미터에는 문자의 주요 특징들이 담기는데, 가령 획의 길이나 위치, 점의 개수 같은 것들을 생각해 볼 수 있다. 이전에는 이러한 특징들을 인간이 직접 지정해 주는 방식을 취했지만, 딥러닝 모델의 학습 과정에는 인간이 따로 할 일은 없고, 컴퓨터가 알아서 복잡한 계산을 수행해 파라미터들을 조정해 준다. 딥러닝을 통한 OCR 모델은 이런 식으로 만들어질 수 있다.

사실 더욱 손쉬운 방법은 전이 학습에 있다. 전이 학습은 이미 학습된 모델을 기반으로 일부분만 재학습시켜 학습 비용을 절감하고 모델을 빠르게 최적화하는 방식이다. 황당해 보이지만, 이 방식은 꽤 훌륭한 결과물들을 낸 바 있다. 최근에는 모델이 데이터에서 직접 라벨을 생성해 학습하는 자가지도학습 방식도 존재하며, 이는 OCR 기술에도 적용되어 좋은 성과를 내고 있다.

고문서 전산화의 사례

세계 각지에서 다양한 고문서에 대한 전산화가 수행되고 있어 그들을 모두 살펴볼 수는 없다. 그중에서도 자동화와 관련된 경우를 몇가지 제시해 보도록 한다.

먼저 로마자로 된 라틴어 문헌의 전산화다. 로마자는 유럽을 비롯한 넓은 지역에서 사용되는 문자로 이를 지원하는 OCR 엔진의 정확도도 매우 높은 편이다. 다만, 현대에도 로마자가 사용되는 것은 맞지만, 그렇다고 고대와 중세 로마자와 완전히 동일한 것은 아니다. 특히 일부 필기체는 훈련을 받지 않은 일반인은 해독할 수 없는 수준이다.

다행스럽게도 현대 로마자에 대한 OCR 프로그램을 중세 로마자에도 어느 정도 적용하는 것이 가능했다. 가장 유명한 OCR 엔진인 테서랙트(Tesseract)도 현재 라틴어를 지원하고 있으며, 테서랙트 엔진을 기반으로 고대, 중세의 라틴어 문헌을 훈련시킨 라틴OCR(LatinOCR)이 개발되기도 했다. 위와 같은 OCR 기술을 활용해 라틴어 말뭉치를 구축한 대표적인 사례로 페르세우스(Perseus) 디지털 도서관을 제시할 수 있다. 또한 앞서 정답이 라벨링 된 데이터의 중요성에 대해 언급한 바 있는데, 2011년 문자 이미지에 정답이 라벨링된 데이터셋인 "Ancient Lives"가 개발되기도 했다.

로마자는 현대에도 사용되며, 남아 있는 문헌도 많아 OCR 모델을 학습시키는 데 비교적 유리한 편이다. 반면 현대에 사용되지 않는 문자이거나, 정답이 라벨링된 이미지 데이터셋이 부재한 경우에는 문자 인식 모델을 개발하기가 매우 어렵다. 다만, 문자 인식 모델을 구현하기는 어렵더라도, 그 전 단계로 문자의 위치를 탐지하는 문자 탐지 모델을 개발해 연구자들의 작업을 보조할 수 있다.

이에 대해서는 쐐기문자에 대한 뎅커 외(Dencker et al., 2020)의 연구 사례를 참조할 수 있다. 쐐기문자는 정답이 라벨링된 이미지 데이터셋은 부족하지만, 해당 문헌에 대한 로마자 전사본은 존재한다. 해당 연구에서는 전사본을 이미지에 대응되도록 정렬해 각각의 쐐기문자의 대략적인 위치를 추정하는 방식을 사용했다. 이를 통해 점진적으로 모델을 학습시켜 쐐기문자를 탐지하는 딥러닝 모델을 구현할 수 있었다.

더 나아가 미해독 문자에 적용해 문자들을 분류하는 시도들도 있었는데, 바로 인더스(Indus) 문자가 그러한 사례다. 인더스 문자는 해독 여건이 최악이라고 알려져 있다(Bright, 1990). 인더스 문명 자체가 기원전 1900년경에 붕괴되어 버려서 언어와 문자는 물론 문화와 역사 모두 알려지지 않은 상태이기 때문이다.

팔라니아판과 아디카리의 연구(Palaniappan, S., & Adhikari, R., 2017)에서는 CNN을 활용해 인더스 문자들의 영역을 분할하고 분류한 뒤 각각의 기호에 대해 개별 코드를 부여해 입력하는 방식을 소개했다. 물론 당장에 인더스 문서들에 이 모델을 적용해 모든 내용을 전사할 수 있는 것은 아니나, 미해독 문자를 전사해 해독으로 나아갈 수 있는 가능성을 확인할 수 있다.

한국과 가장 관련이 깊은 사례로는 한문의 전산화가 있다. 고전 한문에 대한 전산화는 한국은 물론 인접한 중국과 일본에서도 활발하게 진행되어 왔다. 한문의 OCR 모델의 정확도는 매우 높은 수준으로, 이른 시기부터 고문서 전산화에 활발히 적용되어 『팔만대장경』이나 『조선왕조실록』 등의 대용량 자료의 입력에 적용되기도 했다. 최근에는 딥러닝을 적용한 한문 간찰의 초서체 인식 체계가 개발되기도 했으며, 지금은 옛한글 인식에 대한 연구들이 활발하게 진행되고 있는 상황이다.

이와 관련해 옛한글로 된 한국어사 문헌의 경우 물론 OCR 기술이 활용되지는 않았지만, 국가 주도로 진행된 '21세기 세종 계획'(1998~2007)과 이를 이어받아 정제한 '역사자료 종합 정비 사업'(2014~2016, 2018)을 통해 약 1,000만 어절이 넘는 한국어사 자료가 전산화되어 있다(허인영, 2023). 현재도 2023년부터 시작된 '국어 어원 사전 편찬 사업'의 일환으로 전산화 작업이 진행되고 있는 만큼 앞으로 그 크기는 계속해서 늘어날 것으로 보인다. 앞서 언급한 옛한글 OCR 모델이 개발된다면 더 빠르고 정확하게 전산화가 진행될 수 있을 것으로 기대된다.

참고문헌

이민호(2020). 『디지털 라키비움 구축을 위한 기계 학습 기반 전통기록물 해독 최종보고서』, 한국연구재단.

이홍구(2022). 딥러닝 基盤의 諺簡 資料 文字 判讀機 具現에 對한 研究, ≪어문연구≫ 50(3), 한국어문교육연구회, 105-133.

한국학자료통합플랫폼. https://kdp.aks.ac.kr/

허인영(2023). 국어사 말뭉치의 활용 현황과 향후 과제, ≪국어사연구≫ 36, 국어사학회, 111-143.

Ancient Lives. https://www.ancientlives.org/

Bright, W.(1990). How not to Decipher the Indus Valley Inscriptions. *Language Variation in South Asia*, 118-123.

Dencker, T., et al.(2020). Deep Learning of Cuneiform Sign

Detection with Weak Supervision Using Transliteration Alignment. *PLOS ONE, 15*(12), 1-21.

Latin OCR. https://latinocr.org/

Narang, S. R., et al.(2020). Ancient text recognition: a review. *Artif Intell Rev.* 53, 5517-5558.

Open Richly Annotated Cuneiform Corpus (ORACC). https://oracc.museum.upenn.edu/

TEI(Text Encoding Initiative). https://tei-c.org/

Palaniappan, S., & Adhikari, R.(2017). Deep Learning the Indus Script. *arXiv preprint arXiv:1702.00523.*

Perseus Digital Library. https://www.perseus.tufts.edu/hopper/

05
AI와 고문서 복원 1

고문서 중에는 이미 손상되어 내용을 읽어 내기조차 어려운 것들도 있다. 어쩌면 그러한 문서들에 중요한 역사적 사실이 담겨 있을 수 있다. 이런 이유로 많은 학자들이 포기하지 않고 끈질기게 복원과 해독을 시도해 왔다. 이제는 인공지능의 도움을 받아 이러한 자료들을 복원할 수 있는 새로운 가능성이 열리고 있다.

고문서 복원의 필요성

앞서 고문서의 손상을 대비하기 위해 미리 전산화를 해 둘 필요가 있다고 했다. 그런데 고문서 중에는 이미 손상되어 전산화는 물론 내용을 읽어 내기조차 어려운 것들도 있다. 어쩌면 그러한 문서들에 중요한 역사적 사실이 담겨 있을 수 있다. 따라서 많은 학자들이 손상된 문서들을 포기하지 않고 끈질기게 복원과 해독을 시도해 왔다.

물론 고문서 복원이 해독을 위해서만 이루어지는 것은 아니다. 이미 해독되었거나 해독 가능한 문헌이라도 여러 가지 목적으로 복원될 수 있다. 예를 들어 우리에게 익숙한 광화문 현판도 일종의 문서라 할 수 있는데, 벌써 수차례나 복원을 거친 바 있으며 지금도 한글로 교체해야 한다는 주장이 나오고 있다. 이 외에도 간혹 서점에서 『훈민정음』과 같은 고문서나 유명 작가들의 육필 원고를 복원해 판매하는 경우가 있다. 이러한 것들은 해독을 위해 복원한 것이 아니며, 정보의 유지 및 전달을 위해 만들어졌다고 보기도 어렵다. 즉, 많은 복원 작업이 역사적 가치의 보존, 전통의 유지, 민족 자긍심의 고취 등 사회가 요구하는 다양한 목적과 관련되어 있다고 할 수 있다.

다만 우리가 이 책에서 살펴볼 복원은 어느 정도 해독

과 관련된 것들이다. 그러한 차원에서 고문서 복원은 일단 크게 두 가지로 나눌 수 있다. 하나는 이미지의 복원이다. 이는 저화질 이미지를 고화질로 변환하거나 일부 손상된 부분의 이미지를 생성하는 등 인공지능 분야의 컴퓨터 비전 기술과 관련된 것들이다. 다음으로는 소실된 텍스트의 복원이 있다. 이는 정본을 확정해 내는 '문헌비평'과 관련지어 이해할 수 있는 것으로 인공지능 분야에서는 자연어 처리와 관련된 것이다. 아래에서 차례로 살펴보도록 한다.

이미지의 복원

이미지 복원은 다른 복원 작업에 비해 비교적 난도가 낮은 과제라고 할 수 있다. 여기에는 화질의 개선, 노이즈 제거를 통한 선명도 향상, 흑백 이미지를 컬러로 변환하는 기술 등이 포함될 수 있다. 이러한 기술들은 인공지능 기술이 발전하기 전에도 존재했으나, 인공지능 기반 이미지 처리 기술의 도입 이후 그 성능이 한층 강화되었다. 앞서 2장에서 설명한 CNN과 GAN이 여기에서 활용될 수 있는 모델들이다. 수많은 이미지를 통해 정보를 학습해 두고, 새로운 이미지를 입력했을 때 앞서 학습한 정보에 따라 해당 이미지를 변환하는 방식을 취하는 것이다.

이를 통해 흑백으로 촬영된 문서 이미지라도 해당 시대의 유사한 문서를 학습한 모델에 입력하면 컬러로 복원하는 것이 가능하다(다만, 컬러 변환 작업은 원본의 색상 정보를 추정하거나 시각적으로 풍부한 이미지를 생성하는 데 도움을 줄 수 있지만, 반드시 실제 색상을 재현한다고 보장할 수는 없다는 점을 유의해야 한다).

사실 도난, 자연재해, 전쟁 등의 이유로 실제 유물이 사라지고 이미지 자료만 남아 있는 경우도 적지 않다. 또한 국보로 지정된 문헌은 보존 및 관리의 필요성으로 인해 열람이 제한되는 것이 많아 연구자들이 실물 자료를 보지 못하고 입력 자료나 이미지 자료만을 가지고 연구를 진행하는 사례도 흔히 있다. 그러나 오래전에 촬영된 이미지 자료는 화질 저하로 연구에 제약을 초래할 가능성이 있다. 이러한 상황에서 이미지 품질 향상 기술은 연구를 보완하고 발전시키는 데 중요한 역할을 할 수 있다.

추가로, 데이터 증강 기술도 이미지 품질 향상과 관련이 있다. 고문서는 그 양이 제한적이기 때문에 모델 학습에 필요한 충분한 이미지 데이터를 확보하기 어렵다. 이를 해결하기 위해 원본 이미지에 인위적인 변화를 가해 새로운 데이터를 확보하거나, GAN과 같은 모델을 활용해 원본 이미지를 모방한 데이터를 생성하는 방안을 활용할 수도 있다. 이러한 접근은 특히 이미지 인식 분야에서 널리 활용된다.

이와 관련해서 2023년에 열린 ICDAR(International Conference on Document Analysis and Recognition)에서 한국의 '나라지식정보'가 고대 그리스 파피루스 문헌의 이미지 인식 과제에 참가해 최종 3위를 차지한 바 있다. 품질이 저하된 파피루스 이미지를 복원하기 위해 여러 가지 전처리 기술을 활용했고, 이미지 인식에 딥러닝 모델 HRNet(High-Resolution Network)을 적용해 좋은 결과를 얻었다고 한다.

텍스트의 복원

다음으로 텍스트가 훼손되어 해당 부분의 내용을 알 수 없는 경우가 있다. 가장 기본적으로는 전후 맥락을 이해해 사이에 들어갈 말을 추론하는 방식을 취할 수 있다. 다만 뜻이 통한다고 아무 글자나 집어넣는 것은 아니다. 추론을 위해서는 당대 문헌과 그 쓰기 관습에 해박한 지식을 가지고 있어야 한다. 특히 다른 문헌에서 유사한 용례를 찾는 것이 중요한데, 이러한 방식은 일종의 문헌 비평(Textual Criticism)에 해당한다.

그러나 인간의 기억 용량에는 분명한 한계가 있으므

로 위와 같은 원시적인 방식은 높은 정확성을 담보하기 어렵다는 문제가 있다. 반면 충분한 데이터베이스만 제공된다면 컴퓨터는 문헌 자료에서 검색을 통해 유사한 내용을 빠르게 찾아 줄 수 있어 이러한 과제에 큰 도움이 될 수 있다. 더욱이 해당 시기의 언어를 학습한 언어 모델이라면 해당 빈칸에 들어갈 문자나 단어를 새로 생성해 내는 것도 가능할 것이다. 이러한 생성 과제는 앞선 복원 과제와는 달리 이미지 관련 기술보다는 자연어 처리의 영역에 해당한다.

자연어 처리에도 다양한 모델들이 있는데, 딥러닝을 활용한 텍스트 복원의 사례로는 먼저 RNN을 활용한 피티아(PYTHIA)를 제시할 수 있다. 피티아는 고대 그리스 비문의 복원을 목적으로 만들어진 것으로, 그리스 금석문 코퍼스를 구축한 PHI(Packard Humanities' Institute)의 데이터를 기반으로 학습된 언어 모델이다. 실제로 해당 논문에서는 인간 전문가의 57.3%보다 더 나은 30.1%의 오류율(CER, Character Error Rate)를 보였다고 밝히고 있다. RNN을 활용하는 방식은 아카드, 선형 B 등 다양한 문자들에 적용된 바 있다.

이어서 트랜스포머 기반 모델이 개발되었는데, 동일하게 고대 그리스어를 대상으로 하는 이타카(ITHACA)

를 예로 들 수 있다. 해당 논문에 따르면 이타카는 26.3%의 오류율을 기록했으며, 인간 전문가에 비해서는 약 2.2배 더 나은 모습을 보였다. 다만, 그렇다고 인간 전문가들의 능력이 쓸모없어져 버리는 것은 아니다. 인간 전문가들이 이타카를 활용하면 오류율이 18.3%까지 줄어들어, 인간과 언어 모델의 협업이 더 큰 시너지를 낼 수 있다는 점을 확인할 수 있다.

이러한 방식은 다양한 문자 기록에 적용되고 있는데, 동아시아의 여러 나라에서는 특히 한자로 된 문헌에 대한 연구가 진행된 바 있다. 『조선왕조실록』 등 한국 문헌을 대상으로 한 중앙대학교 김영빈 교수 연구팀의 연구 결과(Kang et al., 2021)나 중국 문헌을 대상으로 하는 돤 외(Duan et al, 2024) 등의 연구 결과를 예로 들 수 있다.

사실 이러한 복원 과제는 특히 최근의 마스크 언어 모델(Masked language model)과 그 컨셉에서 유사한 모습을 보여 흥미롭다. 마스크 언어 모델은 문장에 빈칸을 만들어 놓고 해당 빈칸에 올 적절한 단어가 무엇일지 예측하는 과정을 통해 학습한다. 널리 알려진 BERT가 이 방식으로 사전 학습한 모델에 해당한다. 실제로 바먼과 번스(Bamman, D., & Burns, P. J., 2020)의 연구와 같이 라틴어 자료에 BERT를 적용한 사례도 찾아볼 수 있다.

참고문헌

Assael, Y., et al.(2019). Restoring Ancient Text Using Deep Learning: A Case Study on Greek Epigraphy. *Proceedings of the 2019 Conference on Empirical Methods in Natural Language Processing and the 9th International Joint Conference on Natural Language Processing (EMNLP-IJCNLP)*, 6368-6375.

Assael, Y., et al.(2022). Restoring and Attributing Ancient Texts Using Deep Neural Networks. *Nature, 603*(7900), 280-283.

Bamman, D., & Burns, P. J.(2020). Latin bert: A Contextual Language Model for Classical Philology. *arXiv preprint arXiv:2009.10053.*

Duan, S., et al.(2024). Restoring Ancient Ideograph: A Multimodal Multitask Neural Network Approach. In N. Calzolari, M.-Y., et al.(Eds.), *Proceedings of the Joint International Conference on Computational Linguistics, Language Resources and Evaluation (LREC-COLING 2024)*, 14005-14015. European Language Resources Association (ELRA) and International Committee on Computational Linguistics (ICCL).

ITHACA 홈페이지. https://ithaca.deepmind.com/

Kang, K., et al.(2021). Restoring and Mining the Records of the Joseon Dynasty via Neural Language Modeling and Machine Translation. In *Proceedings of the 2021 Conference of the North American Chapter of the Association for Computational Linguistics: Human Language Technologies,*

4031–4042. Association for Computational Linguistics.
PYTHIA 홈페이지. https://pythia.org/
PHI(Packard Humanities' Institute). https://packhum.org/
Seuret, M., et al.(2023). ICDAR 2023 competition on detection and recognition of Greek letters on papyri. Lecture Notes in *Computer Science*, 13966, 498–507.
Sommerschield, T., et al.(2023). Machine Learning for Ancient Languages: A Survey. *Computational Linguistics 49*(3), 703 – 747.

06
AI와 고문서 복원 2

손상 정도가 심해 복원이 불가능하다고 여겨졌던 고문서들이 있다. 그릇이나 점토판이 파괴되어 조각만 전하는 경우나 고열에 노출되어 숯처럼 탄화된 경우가 그렇다. 이런 문서들은 더이상의 손상을 막고 보존하는 데 초점이 맞춰져 있었다. 그러나 이제는 인공지능을 비롯한 첨단 기술의 발전으로, 심각하게 손상된 문서들조차도 복원하고 해독할 수 있는 새로운 가능성이 열리고 있다.

조각난 문서의 복원: 사해 문서

사해 문서(Dead sea scroll)는 사해 인근의 여러 유적지에서 발견된 고대 문서들을 지칭하는 것으로 1947년 처음 발견되었다. 이 문서들은 기원전 4세기에서 기원전 1세기 사이에 작성된 것으로 추정되는데, 지금까지 발견된 성경 텍스트 중 가장 오래된 것들도 포함되어 있다. 유대교와 기독교가 세계에 미치는 영향력을 고려했을 때 이 문서들은 이미 완전히 해독되어서 다양한 방면으로 연구되었을 것으로 보이지만, 실제로 해독이 완전히 이루어지지는 못했다. 사해 문서가 약 25,000개의 조각으로 나뉘어 있어 이를 이어 붙이고 해독하는 과정이 매우 어렵기 때문이다.

사해 문서는 원래 두루마리 형태로 작성된 것으로, 조각을 복원하기 위해 다양한 방식이 사용되어 왔다. 기본적으로는 서지적 특징(여백의 폭이나 봉합 방식 등)들을 추적해 나가는 방식을 취할 수 있었으며, 두루마리가 말린 상태에서 발생했을 만한 손상 패턴을 추적하는 방식도 사용된 바 있다. 내용을 확인해 조각을 맞춰 보는 방식도 활용되었는데, 여기에는 적외선 촬영 기술을 통해 육안으로는 보이지 않는 텍스트를 확인하는 작업이 많은 도움이 되었다.

한편 아나바 외(Anava et al., 2020)는 사해 문서 조각에 대해 DNA 분석을 수행했는데, 이를 통해 사해 문서가 양가죽과 소가죽 등 다양한 소재로 구성되어 있음을 밝혀냈다. 특히 소재로 사용된 동물들을 분류하는 것도 가능해서, 소재에 따라 문서 조각들을 그룹화할 수 있게 되었다. 이는 문서 복원에 드는 시간을 획기적으로 단축할 수 있는 발견이었다. 그뿐만 아니라 소는 사해 주변 사막에서는 사육되기 어려운 동물이라는 점에서 소가죽으로 만들어진 문서들은 다른 지역에서 제작되어 옮겨졌을 가능성이 크다는 점도 추론해 낼 수 있었다. 이렇게 다양한 경로로 확보된 정보를 바탕으로 이미지 조정과 복원을 수행해 디지털 환경에서 재구성하는 등 여러 복원 방식들도 개발되고 있다.

사해 문서에 대한 연구는 최근까지 활발히 진행되고 있는데, 2024년에는 방사성 탄소 연대 측정 데이터와 필체 분석 데이터를 결합한 인공지능 모델 '에녹(Enoch)'이 개발되었다(Popović et al., 2024). 이 모델은 평균 30년 이내의 오차로 문서의 연대를 추정할 수 있어 기존 연대 추정 방법을 보완할 수 있으며, 연대가 확인되지 않은 문서들의 분석에도 중요한 기여를 할 것으로 기대된다.

불에 탄 문서의 복원: 엔게디 문서와 베수비오 챌린지

사해 인근에는 또 하나의 중요한 복원 과제가 있다. 사해 서쪽 해안에는 성경 사무엘서에서 다윗이 사울 왕을 피해 숨었던 곳으로 언급된 엔게디(En-Gedi)라는 지역이 있다. 이곳에서 불에 타 펼칠 수 없게 된 양피지 문서가 발견되어 '엔게디 문서'라 불리게 되었다. 이 문서는 사해 문서 이후인 3~4세기에 작성된 것으로 추정되며, 당시 성경의 일부 내용을 포함하고 있어 매우 귀중한 자료로 여겨졌다. 그러나 손상이 너무 심해 오랜 시간 동안 보존만 되어 왔고, 그 내용을 확인할 방법은 없었다.

2015년 켄터키대학교의 DRI(Digital Restoration Initiative)는 CT 스캔 이미지를 분석해 이 문서의 내부를 확인하는 데 성공했다. 이 성공의 핵심은 문서에 사용된 잉크에 있었다. 잉크에 포함된 금속 성분 덕분에 글자가 쓰인 부분이 CT 스캔에서 밀도가 높게 촬영되었던 것이다. 이를 기반으로 3D 모델을 생성하고 평면에 매핑해 2D 이미지로 변환할 수 있었다. 쉽게 말해 펼칠 수 없는 문서를 가상 환경에서 펼쳐 내 내용을 확인할 수 있게 된 것이다.

이러한 성과는 2023년에 시작된 베수비오 챌린지

(Vesuvius Challenge)를 가능하게 한 기반이 되었다. 베수비오 챌린지는 기원후 79년 베수비오 화산 폭발로 폼페이(Pompeii)를 비롯한 주변 도시들이 화산재에 묻힌 사건과 관련되어 있다. 주변 도시 중 하나였던 헤르쿨라네움(Herculaneum)에 약 1,800개의 파피루스 두루마리 문서가 탄화된 채로 남겨졌는데, 문서 자체는 1752년에 발견되었지만 손상의 위험으로 열어 볼 수 없는 상태였다고 한다. 엔게디 문서 복원에 사용된 CT 스캔 기술이 이 헤르쿨라네움 문서 복원에도 적용될 수 있었고, 이에 대한 해독 작업을 주제로 개최한 대회가 바로 베수비오 챌린지다.

그러나 엔게디 문서와 달리 헤르쿨라네움 문서의 잉크는 금속 함유량이 낮아 글자를 CT 이미지에서 쉽게 식별하기 어려웠다. 다행히 고해상도 자료에서 잉크가 파피루스 섬유의 모양과 질감을 미세하게 변화시킨다는 점이 확인되었고, 이 미세한 차이를 감지하기 위해 인공지능 기술이 도입되었다. 그러나, 연구팀만으로 전체 문서를 해독하기에는 한계가 있었다. 이에 효율적이고 빠른 모델을 개발하기 위해 베수비오 챌린지를 열게 된 것이다.

2023년 대회에는 탄화된 문서의 3D 이미지를 제공하고 이를 해독한 연구자에게 상금 100만 달러를 수여하는 조건이 걸렸다. 그 결과, 세 명의 학생이 해당 문서에서 약 5% 정도를 해독하는 데 성공했다. 해당 문서는 고대 그리스 철학자인 에피쿠로스 학파와 관련된 내용으로 밝혀졌다. 에피쿠로스 학파의 여러 저작은 대부분 소실된 상태라, 이 문서의 해독은 고대 그리스 철학 연구에 중요한 진전을 가져올 것으로 기대된다. 2024년 대회에서는 문서의 90%를 해독하는 연구팀에게 10만 달러의 상금을 수여할 예정이다.

이러한 챌린지는 200년 전 샹폴리옹과 여러 연구자들이 로제타 스톤의 해독을 위해 경쟁했던 상황을 떠올리게 한다. 당시에는 의견을 주고받는 데 오랜 시간이 걸렸지만, 현대의 해독 과제는 인터넷 플랫폼을 통해 다양한 분야의 전문가들이 신속하게 결과를 공유하고 논의할 수 있다는 차이가 있다. 특히 챌린지 우승자 세 명은 모두 다른 국적을 가지고 있을 뿐 아니라 전공도 다르며 활용한 방법론도 달랐다고 하는데, 이처럼 전 세계의 연구자들이 실시간으로 협력하고 경쟁을 이어 간다면, 강력한 시너지 효과를 발휘할 것으로 기대된다.

참고문헌

Anava, S., et al.(2020). Illuminating Genetic Mysteries of the Dead Sea Scrolls. *Cell, 181*(6), 1218–1231.

Ben–Dov, J., et al.(2023). A protocol for material and digital reconstruction of fragmentary Dead Sea Scrolls. In Sion, O., et al.(Eds.), *New studies in the archaeology of the Judean Desert: Collected papers.* 333–356. Israel Antiquities Authority.

DRI(Digital Restoration Initiative). https://www2.cs.uky.edu/dri/

Popović, M., et al.(2021). Artificial intelligence based writer identification generates new evidence for the unknown scribes of the Dead Sea Scrolls exemplified by the Great Isaiah Scroll (1QIsaa). *PloS one, 16*(4), e0249769.

Popović, M., et al.(2024). Dating Ancient Manuscripts Using Radiocarbon and AI–Based Writing Style Analysis. *arXiv preprint arXiv:2407.12013.*

Vesuvius Challenge. https://scrollprize.org/

07
조수로서의 AI

인공지능은 연구자의 조수로서 다양한 기여를 할 수 있다. 언어와 문자 체계를 식별하는 데 도움을 줄 수 있으며 시대적 · 공간적 배경과 같은 외적 증거를 제공해 줄 수 있다.
일부분이지만 언어에 대한 기초적인 분석을 수행하는 것도 가능하다.

언어와 문자 체계의 식별

문서를 구성하는 언어와 문자가 명확히 식별되지 않을 경우 해독의 난도는 매우 높아진다. 그러나 특정 언어나 문자 체계를 참조할 수 있다면, 비교 연구를 통해 해독 과정을 더 쉽게 조정할 수 있다. 비록 완전한 대응이 어려울지라도, 최소한 유사한 언어나 문자 체계를 식별하는 것만으로도 큰 도움이 된다. 예를 들어 로제타 스톤의 경우, 콥트어(Coptic)가 고대 이집트 문자를 해독하는 데 중요한 단서를 제공한 바 있다.

먼저 동일한 문자 체계를 사용하지만 그 언어가 명확히 식별되지 않는 경우가 있다. 가령 고대 그리스 문자나 로마자처럼 여러 언어에서 널리 사용된 문자들이 언어 식별 문제를 발생시킬 수 있는 것이다. 쐐기문자도 예로 들 수 있다. 쐐기문자는 고대 서아시아 지역의 다양한 민족들이 사용했기 때문에, 해당 문서가 어떤 민족의 언어를 반영한 것인지 확인하는 작업은 매우 중요할 수밖에 없다. 이에 대해서는 유사 언어나 방언들의 자연어 처리에 대한 VarDial 캠페인을 소개할 수 있다. 특히 2019년에는 쐐기문자로 기록된 언어를 식별하는 과제가 선정된 바 있는데, 이를 통해 다양한 인공지능 기술을 적용해 쐐기문자의 언어를 식별하는 모델들이 개발되고 발표된 바 있다.

한편, 최근 루오 외(Luo et al., 2021)는 미해독 언어와 알려진 언어 간의 근접성을 계산하는 모델을 개발한 바 있다. 이를 통해 연구자에게 미해독 언어와 가장 유사한 언어를 식별해 알려줄 수 있다. 예컨대 고대 이베리아 반도에서 사용된 것으로 알려진 이베리아어는 그 계통과 특징이 아직 명확히 밝혀지지 않은 상태다. 이 연구에서는 바스크어, 라틴어, 스페인어와 같은 인접 언어들과의 근접성을 계산해 이베리아어와 가장 가까운 언어를 제시해 준 바 있다. 이는 해독에 중요한 근거 자료로 활용될 수 있다. 다만 해당 모델은 주로 음운론적 특징을 기반으로 설계되었으며, 문자의 음가가 알려진 경우에 적용이 용이한 것으로 보인다. 앞으로는 동일한 기원을 가진 단어들을 비교하거나 더욱 포괄적으로 문법적 특징을 비교하는 모델들도 개발될 필요가 있다.

다음으로 문자를 식별하는 과제를 들 수 있다. 이는 사실 현대의 OCR에도 널리 활용되고 있는 기술을 활용할 수 있다. 우리가 매일 사용하는 문서들에는 이미 다양한 문자 체계들이 녹아 있는데, 현재 이 페이지만 해도 한글, 로마자, 숫자가 모두 있다. 이는 여러 문자 체계에서 특징을 추출해 규칙 기반의 분류기를 만들거나, CNN

과 같이 이미지 분류에 능한 모델에 여러 문자 체계를 학습시키는 등 비교적 간단한 작업을 통해 구현할 수 있다.

이때 특별히 해독에 도움이 될 만한 것으로는 코라스 외(Corazz et al., 2022)의 연구를 소개할 수 있다. 이 연구에서는 아직 미해독 상태인 기원전 1500년에서 기원전 1200년 사이에 사용되었던 키프로스-미노스(Cypro-Minoan) 문자에 대해 다룬다. 기존 연구들에서는 이 문자가 최소 세 가지의 하위 부류로 나뉠 수 있으며, 각각이 서로 다른 언어를 기록했다고 추정해 왔다. 그러나 딥러닝 모델을 훈련시켜 분석해 본 결과 세 가지 하위 부류로 나뉘는 것이 아니라 단일한 문자 체계라는 결과물을 얻었다. 물론 그러한 결과를 얼마나 신뢰할 수 있을지는 분명히 말하기 어렵다. 다만 인공지능 기술이 어느 정도 해독에 도움이 되고 있다는 점은 분명하다.

시대적 · 공간적 배경의 식별

문서 해독에서는 해당 문서가 작성된 시대적 · 공간적 배경을 알아내는 것 또한 중요하다. 이러한 배경들이 문서 해독의 중요한 힌트가 될 수 있다. 특히 문서들은 작성된 장소에서만 사용되지 않고, 다른 지역으로 옮겨지는 경우가 많기 때문에 그러한 점에서라도 문서의 특징들을 통해 공간적 배경을 추적하는 작업은 필요하다. 이에 더해 언어는 변화하기 때문에 동일한 언어나 문자로 된 문서라도 시대에 따라 다른 특징을 보일 수 있다. 이에 문서의 시대적 배경을 추적하는 작업 또한 중요하다.

이러한 연구들은 주로 서지학의 범주에 속하며, 연구 방향은 형태 서지와 내용 서지로 나뉜다. 형태 서지는 필기구나 재료, 제본 방식, 쓰기 양식 등 물리적인 부분을 살펴보는 것으로, 주로 이미지 인식과 연관될 수 있는 것이다. 내용 서지는 텍스트의 내용을 살펴보는 것으로, 텍스트 마이닝 기법과 연관될 수 있는 것이다.

형태 서지를 기반으로 한 연구에서는 이미지 인식 기술을 활용해 시대별 특징을 학습하고 이를 통해 문서 작성 시기를 추론하는 모델들이 개발되고 있다. 이러한 기술은 아랍 문자, 한자, 쐐기문자 등 다양한 문자로 작성된 문서들에 적용되고 있는데, 특히 쐐기문자의 경우 점토판에 첨필로 눌러 새기는 방식으로 작성되어 2D 이미지로는 정확한 인식이 어렵다는 문제가 있다. 이에 보가슈와 마라(Bogacz & Mara, 2020) 등 쐐기문자에 대한 연구들에서는 3D 스캐닝 기술을 활용해 쐐기문자 점토판의 연대를 추정하고 이를 분류하는 모델을 개발하고 있다.

텍스트를 기반으로 한 연구에서도 문서의 시대적 · 공간적 배경을 추정할 수 있다. 대표적인 사례로 앞서 제시했던 이타카(ITHACA)를 들 수 있다. 이타카는 복원 과제에도 사용되지만 동시에 텍스트 분석을 통해 비문의 연대와 지역을 추정하는 기능도 제공한다. 예를 들어 그리스 델포이(Delphi) 지역에서는 노예 해방과 관련된 비문이 다수 발견된다. 만약 특정 비문에서 노예 해방과 관련된 어휘가 자주 언급된다면, 이 비문이 델포이에서 작성되었을 가능성을 높게 추정할 수 있다. 이는 텍스트 마이닝의 토픽 모델링(Topic Modeling) 기법을 활용한 사례라 할 수 있다.

한국에서도 텍스트 기반 연구가 시도된 바 있다. 박진호(2018)에서는 한국어사 자료의 연대를 추정하는 데 딥러닝 모델을 활용했다. 해당 연구에서는 간행 시기가 확인된 한국어사 자료의 입력 파일 354개를 CNN, RNN 모델에 학습시켰으며, 이를 장서각의 필사본 자료들에 적용해 연대를 확인해 보았다. 그 결과 인간 전문들의 연대 추정과 큰 차이가 없는 높은 정확도를 보였다고 한다.

이 외에도 방사선을 활용해 탄소 연대를 추정하는 방법도 있다. 방사선을 이용한 탄소 연대 측정법은 높은 정확도로 시대를 추정할 수 있다. 하지만 비용이 많이 들고, 돌과 같은 무기질 재료에는 적용할 수 없다는 한계가 있다.

이와 관련해 아직 미해독 상태인 이스터섬의 롱고롱고(Rongorongo) 문자에 대한 연대 추정은 흥미로운 사례가 될 수 있다. 롱고롱고에 대한 주요 논점은 이스터섬이 유럽인들과 최초로 접촉한 18세기 이전부터 사용되었는지에 대한 것이다. 만약 이 문자가 외부의 접촉이 없었던 시기부터 사용되어 온 것이라면, 중국의 한자, 이집트의 상형문자, 메소포타미아의 쐐기문자처럼 자생적으로 발달한 문자의 하나로 간주할 수 있게 되기 때문이다. 이는 문자론적 관점에서 매우 중요한 주제다. 최근 페랄라 외의 연구(Ferrala et al., 2024)에서는 롱고롱고 문자가 기록된 나무에 방사성 탄소 연대 측정법을 적용해 몇몇 문서의 연대를 추정했는데, 그중 한 문서가 15세기 중반에 작성된 것으로 확인되었다. 이러한 외적 증거를 통해 롱고롱고 문자의 발달이 자생적이었을 가능성을 확인할 수 있게 되었다. 물론 이러한 결론은 추가적인 연구를 통해 보완되어야 할 것이다.

언어 · 문자 분석 도구

인공지능은 언어와 문자를 분석하는 도구로도 사용될

수 있다. 먼저 미해독 문자에 적용해 문자들의 분류를 시도한 연구를 소개할 수 있는데, 선형 A(Linear A)의 경우다. 선형 A는 크레타섬에서 발견된 문자로, 약 80여 개의 음절 문자(혹은 모라 문자)와 100여 개의 단어 문자(혹은 형태소 문자)로 구성되어 있다. 카라지카르 외의 연구(Karajgikar et al., 2021)는 이에 대해 거의 최초로 다양한 머신러닝 기법을 적용해 본 연구라고 할 수 있다. 먼저는 엔그램(N-gram) 분석을 통해 기호 간의 연쇄 패턴을 확인했는데, 여러 번 언급했듯이 연쇄 패턴의 확인은 해독의 중요한 실마리가 될 수 있다. 이어서 전체 기호들을 그룹화하고 특성을 분석하기 위해 나이브 베이즈 분류기와 K-NN 알고리즘을 활용해 보기도 했다. 물론 이러한 연구들은 아직 초기 단계에 해당해 중요한 결과물을 내지는 못하고 있으나, 앞으로의 활용 가능성은 크다.

이어서, 앞서 자연어 처리의 여러 단계 중 토크나이징에 대해 소개한 바 있다. 토크나이징은 텍스트를 다양한 단위로 분할하는 과정을 말하는데, 이미 해독된 문자와 언어에 대해 자동으로 토큰화를 수행하는 방식은 다양하게 개발되고 있다. 고대 한문이나 일본어는 물론 비교적 텍스트가 적은 산스크리트어나 티베트어에 대해서도 이러한 작업이 수행된 바 있다. 이 작업은 대개 품사 태깅과 결합되어 대용량 언어 처리에 큰 효과를 발휘한다.

잘 정의된 기존 토크나이저를 사용하는 것 외에도, 인공지능이 자동으로 텍스트를 분할하고 단어 사전을 구축하는 서브워드 기반 방식도 소개한 바 있다. 이 방식은 희소 언어들에 대한 언어 모델 구현에도 적용되고 있는데, 마사카네(Masakhane) 프로젝트를 예로 들 수 있다. 많은 아프리카 언어들은 충분히 분석되어 있지 않거나 디지털화되어 있지 않아 자연어 처리를 적용하기 어려운데, 해당 프로젝트에서는 그러한 언어에 대해 서브워드 방식의 토큰화를 적용해 좋은 효과를 보았다. 동일한 맥락에서 알려지지 않은 고대어에 대해서도 서브워드 방식의 토큰화가 어느 정도 적용될 수 있을 것으로 보인다.

이어서 자연어 처리에는 문장의 구조를 분석하는 파싱(parsing) 과제가 있어 이를 활용해 볼 수도 있다. 특히 2017년에 열린 CoNLL(Computational Natural Language Learning) 학회에서는 여러 언어에 대한 의존 구문 파싱(dependency parsing) 챌린지를 진행했는데, 여기에는 고대 그리스어나 라틴어와 같은 언어들도 포함되었다(대체로 이미 해독된 언어들에 적용되었고, 미해독 언어에 적용된 사례는 거의 보이지 않는다).

물론 트랜스포머 기반 모델이 강세를 보이면서 파싱의 중요성은 줄어들고 있다. 통사론적 정보를 명시적으로 포함하지 않더라도 타깃 단어를 맞추는 방식으로 훈련된 모델들이 뛰어난 성능을 보여 주었기 때문이다. 더불어 고문서의 경우 해당 언어를 파싱하기 위해 필요한 자원도 충분하지 않은 상황이다. 이러한 탓에 고문서에 대한 연구에서 인공지능과 관련해 통사 단위 분석에 대해 자세히 다룬 경우는 많지 않은 것으로 보인다.

참고문헌

박진호(2018). 딥러닝을 이용한 국어사 자료의 연대 추정 방법론, 국어사학회 월례강독회(2018.03.17) 발표문.

Bogacz, B., & Mara, H.(2020). Period classification of 3D cuneiform tablets with geometric neural networks. In *2020 17th International Conference on Frontiers in Handwriting Recognition (ICFHR)*. 246–251. IEEE.

Corazza, M., et al.(2022). Unsupervised deep learning supports reclassification of Bronze age cypriot writing system. *PloS one, 17*(7), e0269544.

Ferrara, S., et al.(2024). The invention of writing on Rapa Nui (Easter Island): New radiocarbon dates on the Rongorongo script. *Scientific Reports, 14*(1), 2794.

Jauhiainen, T., et al.(2019). Language and Dialect Identification of

Cuneiform Texts. In *Proceedings of the Sixth Workshop on NLP for Similar Languages, Varieties and Dialects*, 89-98. Association for Computational Linguistics.

Karajgikar, J., et al.(2021). Computational pattern recognition in Linear A. https://hal.science/hal-03207615/document

Luo, J., et al.(2021). Deciphering undersegmented ancient scripts using phonetic prior. *Transactions of the Association for Computational Linguistics*, 9, 69-81.

Masakhane 프로젝트. https://www.masakhane.io/

Zeman, D., et al.(2017). Proceedings of the CoNLL 2017 Shared Task: Multilingual Parsing from Raw Text to Universal Dependencies. Association for Computational Linguistics. Retrieved from https://aclanthology.org/K17-3001/

08
AI와 고문서 번역

언어와 문자가 해독되었음에도, 방대한 분량 탓에 여전히 그 내용을 온전히 풀어 내지 못한 고문서들이 존재한다. 인공지능 기술의 발전은 자동 번역의 품질을 비약적으로 높이고 있으며, 이에 따라 고문서들의 번역 작업에 소요되는 시간도 혁신적으로 단축되고 있다.

번역의 가능성

번역은 한 언어를 다른 언어로 옮기는 것을 말한다. 특히 자동 번역은 인공지능 분야에서 가장 중요하게 다루어지는 과제 중 하나다. 고문서를 현대어로 번역하는 작업도 이러한 과제에 포함될 수 있는 것이다. 다만 일반적인 번역이 현재 존재하는 언어 사이의 횡적인 관계를 다루는 것이라면, 고문서 번역은 과거의 언어를 현대어로 옮기는 종적인 관계에 해당한다. 만약 이미 사라진 언어라면, 이는 복합적인 관계로 더 복잡한 해독 과정을 수반하게 된다.

언어와 문자가 밝혀졌음에도 방대한 양 때문에 여전히 해독되지 못한 고문서들이 존재한다. 이러한 문서들은 내용의 중요성에도 불구하고, 제한된 예산과 인적 자원으로 인해 번역이 지연되는 경우가 많다. 그러나 최근 인공지능 기술의 발전은 자동 번역의 품질을 비약적으로 높이고 있어, 고문서들의 번역 작업에 소요되는 시간을 혁신적으로 단축할 가능성을 열어 주고 있다.

자동 번역 기술은 오랜 시간 동안 발전을 거듭해 왔고, 2017년 트랜스포머 모델의 등장으로 중요한 변곡점을 맞았다. 트랜스포머의 가장 큰 장점 중 하나는 자가 지도 학습을 통해 병렬 말뭉치 없이도 언어의 문법적 구조와 통계적 패턴을 학습할 수 있다는 점이다. 이는 병렬 데이터가 부족한 언어들에 대한 번역 모델을 학습시키는 데 중요한 기여를 할 수 있다. 즉 소수 언어나 역사 자료에 대해서도 모델을 학습시킬 수 있게 되는 것이다. 물론 아직 해독되지 않은 언어들은 자료의 양과 품질이 제한적이기 때문에 완전한 번역으로 나아가기 어려운 상황이다.

아래에서는 지금까지 이루어진 세계 여러 언어의 자동 번역에 대해 살펴보고 한국의 『승정원일기(承政院日記)』 번역 사례를 살펴보도록 한다.

고문서 자동 번역의 사례

라틴어의 경우 오랜 시간 동안 유럽에서 사용되었기 때문에, 라틴어로 작성된 수많은 문헌이 존재한다. 그중 라틴어 성경은 다양한 연구를 통해 번역이 완료된 바 있으며, 타키투스, 키케로, 베르길리우스와 같이 유명한 작가들의 작품은 영어, 프랑스어, 한국어 등 다양한 언어로 번역된 바 있다.

그러나 모든 문헌이 번역되어 있는 것은 아니다. 특히 교황청의 수많은 기록물은 아직 번역되지 못한 채로 남아 있으며, 현재도 번역을 하고 있는 중이다. 라틴어에 대한 자동 번역 모델은 이미 2016년부터 구글에서 제공하고 있으며 비교적 높은 정확도를 보이고 있다. 구글은 고대 언어와 소수 언어에 대한 자동 번역 기능을 지속적으로 개발하고 있는데, 그중에는 앞서 살핀 이집트 상형문자를 번역하는 기술도 포함되어 있을 정도다.

쐐기문자로 작성된 문서들에 대해서도 다양한 연구들이 진행되고 있다. 특히 MTAAC(Machine Translation and Automated Analysis of Cuneiform Languages) 프로젝트의 일환으로 다양한 말뭉치가 개발된 바 있다. 푸니아 외(Punia et al., 2020)는 최초로 RNN과 트랜스포머 모델을 기반으로 기계 번역 모델을 구현하기도 했다. 다만 수메르어의 복잡한 문법 구조와 제한된 자료로 인해 완전한 자동 번역 시스템의 개발은 앞으로 지속적인 연구가 필요할 것으로 보인다.

중국에서도 고문서 연구와 번역을 위해 대규모 언어 모델의 개발이 활발하게 이루어지고 있다. 이미 많은 자료가 전산화되어 있기 때문에 이들을 학습시킨 언어 모델들이 쏟아져 나오고 있는 상황이다. 특히 2023년에만 트랜스포머 기반의 GujiBERT, SikuGPT, Xunzi가 개발된 바 있으며, 2024년에도 TongGu가 개발되는 등 다양한 모델이 빠르게 업데이트되고 있는 모습을 발견할 수 있다. 이러한 모델들은 단순히 고문서 번역을 제공하는 것만이 아니라 연구와 보존의 효율성을 크게 높이는 데에도 기여하고 있다.

한국의 고문서 자동 번역

한국의 고문서들도 모두 번역된 상태는 아니다. 한글로 기록된 고문서에 대한 현대어역은 세종대왕기념사업회 등 몇몇 단체들을 중심으로 진행되고는 있으나 아직도 많은 문헌이 번역되지 않은 채 남아 있다.

한편 한문으로 기록된 고문서 중에서도 유네스코 세계기록유산인 『승정원일기』와 『일성록』 등 다양한 문헌이 아직 현대 한국어로 번역되지 못한 채 남아 있다. 그 중 『승정원일기』는 조선시대 왕명의 출납을 관장하는 기관이었던 승정원에서 매일의 문서와 사건에 대해 기록한 일기다. 총 3,243책으로 약 2억 4,000만 자에 이르는 세계에서 가장 방대한 역사 기록 중 하나라고 할 수 있다. 이미 1994년에 번역 프로젝트가 시작되었으며, 당초의 예상 완료 시기는 2062년으로 추산된 바 있다. 이는 곧, 최소 68년 동안 수많은 인간 전문가들이 번역에 투입되어야 한다는 것을 뜻한다. 그러나 전문가들이 68년 동안 번역만 하고 있을 수는 없으며, 연구 인력마저도 계속해서 감소하고 있다는 문제점이 발생했다.

이러한 문제점을 해소하기 위해 한국고전번역원에서는 2017년부터 3년간 "인공지능 기반 고전문헌 자동번역시스템 구축 사업"을 추진했다. 당시 최신 기술로 평가받던 RNN을 활용해 자동 번역 모델을 개발했으며, 휴먼 평가에서 평균 4.31점(5점 만점)을 기록하며 성능을 인정받았다. 현재 한국고전번역원의 공식 웹사이트에서 자동 번역 결과를 확인할 수 있다. 물론 이러한 번역 결과물을 그대로 사용하기는 어렵다. 다만 초벌 번역을 해두고 이것을 사람이 검수하는 방식으로 활용한다면 작업에 드는 시간을 단축할 수 있다.

이후에도 고려대학교 박찬준 교수 팀(Park et al. 2020)과 중앙대학교 김영빈 교수 팀(Kang et al., 2021)은 트랜스포머 기반 모델을 활용한 고문서 번역 연구를 수행하며 각각 NAACL과 IEEE와 같은 권위 있는 학술지에 연구 결과를 발표한 바 있다. 이러한 연구는 『승정원일기』와 같은 방대한 문헌의 번역의 능률을 혁신적으로 향상시킬 가능성을 보여 준다. 한문 번역에 대한 추가적인 내용은 『AI와 한문 번역』(박나연, 2024)을 참고할 수 있다.

참고문헌

박나연(2024). 『AI와 한문 번역』, 커뮤니케이션북스.

한국고전번역원 고전정보센터(2021). 한국고전종합DB 구축의 성과와 과제, ≪민족문화≫ 59, 7-57.

한문고전자동번역. http://aitr.itkc.or.kr/

Cao, J., et al.(2024). TongGu: Mastering Classical Chinese Understanding with Knowledge-Grounded Large Language Models. *arXiv preprint arXiv:2407.03937.*

Kang, K., et al.(2021). Restoring and Mining the Records of the Joseon Dynasty via Neural Language Modeling and Machine Translation. In *Proceedings of the 2021 Conference of the North American Chapter of the Association for Computational Linguistics: Human Language Technologies.* 4031-4042. Association for Computational Linguistics.

Park, C., et al.(2020). Ancient Korean Neural Machine Translation. *IEEE Access*, 8, 116617-116625.

Punia, R., et al.(2020). Towards the first machine translation system for Sumerian transliterations. In *Proceedings of the 28th International Conference on Computational Linguistics.* 3454-3460.

09
AI와 텍스트 분석

문서 해독은 단순히 그 의미를 알아내는 데서 끝나지 않는다. 문체를 정량적으로 분석해 사람이 직접 알아내기 어려운 패턴을 확인할 수 있다. 저자를 판별하는 것도 가능하며, 연관된 텍스트들의 관계를 그려 볼 수도 있다. 이를 통해 해당 문서에 대한 더 깊은 이해와 통찰에 이를 수 있다.

텍스트 마이닝

텍스트 마이닝은 텍스트에서 의미 있는 정보를 찾아내는 기법으로, 이를 통해 이전에 발견하지 못했던 새로운 패턴이나 규칙을 발견할 수 있다는 장점을 지닌다. 텍스트 마이닝은 대체로 "데이터 수집 → 데이터 전처리 → 데이터 임베딩 → 데이터 분석"의 과정을 거치는데, 전처리 과정에서 수행하는 토크나이징이나 텍스트를 기계가 알아들을 수 있도록 변환해 주는 임베딩 과정 등 많은 부분이 자연어 처리와 밀접한 관련이 있다.

임베딩 단계에서는 어휘 등장 빈도, 분포, 맥락 등 텍스트에 산재하는 다양한 정보를 담을 수 있다. 사실 이것만으로도 빈도가 높은 단어를 산출하거나 핵심어나 주제를 산출하는 것이 가능하다. 이를 조금만 응용하면 특정 시기나 지역에 따라 자주 사용된 어휘나 주제를 추출할 수도 있다. 이러한 결과물은 문학사나 사상사와 같은 역사적인 연구, 혹은 여러 지역을 비교하는 국제 단위 연구에 유용한 기초 자료로 활용될 수 있는 것들이다.

텍스트 분석 과정에는 다양한 통계 기법이 적용될 수 있다. 고차원의 데이터를 인간이 이해할 수 있도록 축소하는 기법이나 데이터를 유사한 속성에 따라 클러스터링하는 기법을 활용하면 이전에 발견하지 못했던 데이터의 특성이나 관계를 밝혀낼 수 있다. 더 나아가 충분한 말뭉치가 구축된다면 딥러닝 모델을 활용한 분석도 가능하다. 특히 잘 훈련된 트랜스포머 기반 모델 위에 추가적인 모듈을 구축하고 약간의 조정을 거치면 다양한 과제에 적용할 수 있게 된다. 아래에서는 문체 분석과 텍스트 유사도 분석 등을 통해 텍스트 마이닝의 응용 가능성을 간단히 살펴보도록 한다.

문체 분석과 시대 · 공간 · 저자 판별

문체 분석은 텍스트의 언어적 특성과 표현 방식을 체계적으로 분석하는 것으로, 이를 통해 텍스트의 특징이나 저자의 의도를 파악하고 언어 사용 방식을 이해할 수 있게 된다. 이러한 문체 분석은 텍스트의 다양한 특성을 계량적으로 분석하는 방법론과 결합해 더욱 정밀하게 연구되고 있다. 예를 들어 어휘 다양성을 측정하거나 문장의 길이를 비교하는 기본적인 방법에서부터 동사와 형용사의 사용 비율, 연결어미와 전성어미의 빈도, 능동태와 피동태의 구분과 같은 문법적 특징까지 분석할 수 있다. 이러한 데이터는 말뭉치를 기반으로 하며, 간단한 통계 기법부터 머신러닝 알고리즘까지 다양한 기술을 통해 추출할 수 있다.

계량적 분석 방법론은 문학 연구에 자주 활용되고 있는데, 셰익스피어와 같은 고전 작가들의 문체를 정량적으로 분석하고 비교하는 연구가 오래전부터 다양한 방법으로 이루어져 왔다(Swisher & Shamir, 2023). 한국에서도 이러한 방법론이 『완월회맹연』이나 『소현성록』과 같은 고전소설에 적용된 바 있다. 물론 옛한글 문헌에 대한 형태소 분석기가 개발되어 있지 않은 상황이라 아직까지는 분석에 제약이 있는 것으로 보인다.

다만 고대어 텍스트들에 대한 분석이 충분히 이루어지지 않은 경우에는 번역본을 가지고 연구가 이루어지기도 하는데, 쿠마르 외(Kumar et al., 2022)의 연구에서는 산스크리트어를 영어로 번역해 감정 분석을 수행한 바 있다. 이 외에도 문체 분석은 장르를 식별하거나 유사한 문체를 지닌 텍스트를 클러스터링하는 데에도 사용될 수 있다.

더불어 문체 분석은 텍스트의 시대적, 지리적 배경을 추정하는 데에도 유용하게 활용될 수 있다. 예를 들어 한국에서 15~16세기에 사용되었다가 사라진 문자(ㅿ, ㅸ, ㆁ 등)는 해당 시대의 언어적 특징으로 간주될 수 있다. 이러한 문자들의 사용 여부는 문헌의 연대를 추정하는 데 중요한 단서를 제공한다. 구개음화나 움라우트와 같은 음운 현상 또한 특정 시대나 지역의 언어적 특성을 반영할 수 있으므로, 이를 통해 텍스트의 연대와 간행 지역을 추론하는 것이 가능하다.

한편 문체 분석을 통해 저자의 고유한 언어적 스타일을 추출할 수 있으므로 이를 저자 판별에도 적용할 수 있다. 예를 들어 쾬트게스(Koentges, 2020)는 플라톤의 저작으로 알려진 『메넥세노스(Menexenus)』가 플라톤의 저작이 아니었을 가능성을 제기했다. 이 연구는 고대 그리스 문학 말뭉치에서 추출된 언어적 특징을 비교하고, 해당 작품의 문체가 플라톤의 다른 대화편과 다르다는 점을 확인했다. 플라톤의 대화편 중 일부가 위서 논란에 휩싸여 있다는 점에서, 이러한 분석은 중요한 학문적 근거가 될 수 있다.

또 다른 사례로는 명나라 시기 장편소설 『금병매(金瓶梅)』의 저자 추정 작업이 있다. 탕 외(Tang et al., 2019)는 K-NN 알고리즘을 활용해 해당 소설의 문체가 당대 문인 중 서위(徐謂)의 문체와 가장 유사하다는 결과를 도출했다. 비슷한 방식으로 스토버 외(Stover et al., 2016)는 라틴어 문헌 『Compendiosa Expositio』를 분석하고, 샘플링 기법을 통해 2세기경 활동한 아풀레이우스(Apuleius)가 저자일 가능성을 제시했다. 이처럼 문체 분석은 단순히 텍스트를 이해하는 것을 넘어 텍스트와 저자의 관계를 규명하는 데 중요한 도구로 활용되고 있다.

이러한 계량적인 접근법은 더 거시적인 관점에도 적용될 수 있다. 가령 한시(漢詩)는 중국에서 발달해 한국과 일본으로 전해진 문학 장르로, 과거에 지어진 좋은 시들을 인용하거나 참조해 작성하는 경향이 강하다. 박진호(2018)는 CNN 모델을 사용해 중국 한시와 한국 및 일본 문집 간의 유사성을 분석했다. 이 연구는 중국 한시 데이터를 모델에 학습시키고 이를 한국의 『동문선(東文選)』과 일본의 여러 문집에 적용한 결과, 각각에 송시(宋詩)가 가장 큰 영향을 미쳤음을 밝혀냈다.

이렇게 대규모 텍스트 데이터를 분석해 경향성과 패턴을 탐구하는 연구 방식을 흔히 '멀리서 읽기(distant reading)'라고 지칭하는데, 이러한 방식은 고대 그리스어나 수메르어, 아카드어 등 다양한 고대 텍스트에도 폭넓게 적용되고 있다.

텍스트 사이의 관계 파악

대부분의 문서들은 새로운 양식으로 새로운 내용을 담아내는 것이 아니며, 대체로 이전에 있던 다른 문서를 참조해 작성된다. 따라서 텍스트 사이의 관계를 살펴보는 것 또한 중요한 의의를 가진다.

특히 신화, 전설, 민담은 전승 과정에서 여러 지역으로 흩어지거나 서로 섞이며 크고 작은 변화를 겪는다. 한국의 주몽 신화만 하더라도 『삼국유사』, 『삼국사기』, 『광개토대왕릉비』 등 다양한 기록에서 조금씩 다른 형태로 나타난다. 가령 주몽의 아버지나 어머니의 정체가 조금씩 다르게 나타나기도 하며, 이규보의 〈동명왕편〉에는 해모수와 하백이 변신을 하며 대결을 펼치는 내용이 추가로 나오기도 한다.

서양에서는 기독교 성경을 비롯한 여러 고전 문헌들이 문헌학의 관점에서 연구되어 각 이본 간의 관계를 확인하고 정본을 확정하는 작업이 이루어진 바 있다. 이러한 연구는 단순히 정본을 확정하는 데에만 머무르지 않고, 텍스트 간 공통점과 차이점을 확인함으로써 당시의 문화적 · 역사적 배경을 추론하는 데에도 기여할 수 있다. 특히 문헌의 계보를 체계적으로 그려 내는 작업은 문화적 관계성을 더욱 명확히 파악하는 데 도움을 준다.

텍스트의 상호 연관성을 연구하는 초기 방법은 여러 문서에서 일치하는 문자열이나 단어를 산출하는 것이었다. 이는 단순한 방식이지만, 텍스트 간의 관계를 어느 정도 확인하는 데는 효과적이었다. 예를 들면 두 문헌에서 동일한 단어나 구절의 빈도와 위치를 비교해 직접적인 영향 관계를 추정하거나, 공통된 요소가 많은 문헌끼리의 연관성을 확인하는 방식을 활용할 수 있다. 그러나 이러한 방식은 텍스트의 깊은 의미나 맥락을 반영하지 못하기 때문에 복잡한 문헌 간의 관계를 분석하는 데에는 한계가 있었다.

이제는 자연어 처리와 머신러닝 기술의 발전으로 텍스트를 다양한 방식으로 임베딩해 문서의 내용, 주제, 또는 문맥적 유사성을 수치로 표현할 수 있다. 대표적인 방식으로는 워드투벡(Word2Vec)이 있다. 워드투벡은 단어를 벡터로 변환하는 모델로, 비슷한 문맥에서 자주 등장하는 단어들이 유사한 벡터 값을 가지도록 학습된다. 이를 응용하면 단어 수준에서 텍스트 간의 유사성을 파악할 수 있으며, 특정 단어들이 여러 문헌에서 어떻게 반복되고 변형되는지 확인할 수 있다. 더 나아가 최근에는 BERT와 같은 딥러닝 기반 모델이 텍스트 연구에 적용되고 있다. 이러한 모델들은 문맥을 반영해 문장 수준의 임베딩을 생성하기 때문에, 단순한 단어 수준의 비교를 넘어 텍스트의 문맥적 관계까지 고려한 정교한 유사성 분석이 가능하다.

이와 같은 방법들은 텍스트 간의 유사성을 비교하는 데 그치지 않고, 텍스트들의 이본 관계를 파악해 계보를 그리거나 네트워크 분석을 통해 문헌 간의 영향을 시각적으로 나타내는 데에도 활용될 수 있다. 예를 들어 앞서 언급한 주몽 신화의 이본들에서 특정 내용이 어떻게 전파되고 변형되었는지를 분석한다면, 각 문헌을 노드로, 유사성을 엣지로 설정해 그래프를 생성해 텍스트 간의 관계를 한눈에 확인할 수 있는 것이다.

한국에서는 목포대학교 최운호 교수와 경희대학교 김동건 교수가 〈흥부전〉, 〈토끼전〉 등의 여러 고전문학 작품의 이본에 대한 연구를 수행한 바 있고 단국대학교 이건식 교수가 『두시언해』의 초간본과 중간본을 데이터베이스화하고 이를 바탕으로 이본 간의 차이를 비교하는 연구를 수행한 바 있다. 이러한 연구는 데이터베이스와 자연어 처리 기술을 융합하여 인문학 연구의 새로운 가능성을 열고 있다는 점에서 큰 의의를 지닌다.

참고문헌

강우규 · 김바로(2018). 〈소현성록〉 연작의 문체론적 고찰, ≪인문과학연구소≫ 59, 인문과학연구소, 29-46.

김동욱 · 강남오(2022). 〈완월회맹연〉 의 문체적 특성에 대한 시론. ≪한국학논집≫ 86, 계명대학교 한국학연구원, 75-100.

박진호(2018). 딥러닝을 이용한 한중일 漢詩의 영향관계 분석, 언어학의 신지평: AI, Big Data, 언어(2018.12.15) 발표문.

정성훈(2021). 토픽모델링과 네트워크 분석을 활용한 〈亂中日記〉 텍스트 연구. ≪국어국문학≫ 197, 국어국문학회, 111-144.

최운호 · 김동건(2023), 컴퓨터 문헌 분석 기법을 활용한 〈토끼전〉 이본 연구, ≪우리문학연구≫ 58, 우리문학회, 123-154.

최운호 · 김동건(2023), 〈흥부전〉 이본의 내용 유형에 따른 군집 분석 연구, ≪Journal of Platform Technology≫ 11-5, 아이씨티플랫폼학회, 23-36.

Koentges, T.(2020). The un-Platonic Menexenus: A stylometric analysis with more data. *Greek, Roman, and Byzantine Studies, 60*(2), 211-241.

Kumar, P., et al.(2023). Zero-shot learning based cross-lingual sentiment analysis for sanskrit text with insufficient labeled data. *Applied Intelligence, 53*(9), 10096-10113.

Moretti, F.(2009). Style, Inc.: Reflections on seven thousand titles (British novels, 1740 – 1850). *Critical Inquiry, 36*(1), 134-158.

Nurullin, R., et al.(2019). The Most Ancient Verse in the World (Sumerian, Akkadian, Hittite): Quantitative Analysis. In P. Plecháč, P. et al.(Eds.), *Quantitative approaches to versification.* 173-182. Prague.

Storey, G., & Mimno, D.(2020). Like two Pis in a pod: Author similarity across time in the Ancient Greek corpus. *Journal of Cultural Analytics, 5*(2).

Stover, J. A., et al.(2016). Computational authorship verification method attributes a new work to a major 2nd century african author. *Journal of the Association for Information Science and Technology, 67*(1), 239-242.

Swisher, C., & Shamir, L.(2023). A data science and machine learning approach to continuous analysis of Shakespeare's plays. *Journal of Data Mining and Digital Humanities*, 2023.

Tang, X., et al.(2019). Authorship Attribution of The Golden Lotus Based on Text Classification Methods. *Proceedings of the 2019 3rd International Conference on Innovation in Artificial Intelligence*, 13–17.

10
문서 해독의 내일

현재의 연구 성과는 주로 데이터 구축과 전산화 작업에 집중되어 있다. 이러한 데이터가 점차 쌓여서 앞으로 더 많은 문제를 해결할 수 있게 될 것이다. 그러나 무엇보다 중요한 점은 이러한 데이터를 인간 연구자가 얼마나 효과적으로 활용할 수 있는지다. 앞으로 연구자가 쉽게 접근하고 활용할 수 있는 플랫폼의 구축과 더불어, 다양한 학제 간 협력이 필수적일 것이다.

미해독 문서

앞서 인더스 문자, 롱고롱고, 선형 A 등 미해독 문자나 언어로 된 문서들에 인공지능이 적용된 사례들을 여럿 살펴보았다. 이들 외에도 세계에는 여전히 해독되지 않은 문서들이 여럿 존재한다. 아래에서는 본서에서 소개하지 않았던 문서들을 간단히 소개해 보도록 한다.

먼저 보이니치 필사본(Voynich Manuscript)을 제시할 수 있다. 이 필사본은 중세 유럽에서 제작된 것으로 추정되며, 현재까지 알려지지 않은 문자와 그림으로 이루어져 있다. 비슷한 맥락에서 파에스토스 원반(Phaistos Disc)은 크레타섬에서 발견된 원형 점토판으로, 양면에 새겨진 기호가 어떤 의미를 지니는지 아직 밝혀지지 않았다. 크레타섬에서 발견된 다른 문자들과도 관계가 없고, 다른 곳에서 발견되지 않기 때문에 해석의 난도가 매우 높다.

이 밖에도 헝가리에서 발견된 로혼치 사본(Rohonc Codex)도 대표적인 미해독 문서로 제시할 수 있다. 여기에 더해 동아시아에는 한자의 영향을 받은 문자들이 여럿 발견되는데, 특히 거란족이 사용했던 문자 중 거란 소자가 미해독된 상태다.

이들 문서는 대체로 참고할 만한 정보들이 적을 뿐만

아니라 그 양도 충분하지 않아 아직까지 해독되지 못한 상황이다. 그럼에도 이러한 난제들에 대한 도전은 계속되고 있으며, 많은 연구자들이 인공지능의 도움을 받아 연구에 매진하고 있다.

고문서 해독의 현재와 미래

본서에서는 인공지능이 문서 해독에 적용된 사례들을 소개해 보았다. 그러나 사실 인공지능이 미해독 문자나 언어로 된 문서의 완전한 해독을 이끌어 낸 사례는 거의 찾아보기 어렵다. 현재까지의 성과는 주로 전산화나 복원 작업에 집중되어 있으며, 해독된 문자 체계로 작성된 문서들에 대한 번역이나 텍스트 분석이 주를 이루었다.

다만 인공지능은 기반 데이터가 축적될수록 점점 더 강력한 성능을 보인다는 특징을 가지고 있다. 나날이 더 많은 고문서 데이터들이 전산화되고 있는 만큼 인공지능의 성능 또한 빠르게 발전할 가능성이 높다. 특히 다양한 작업에 적용 가능한 대규모 언어 모델과 멀티모달 모델의 빠른 발전은 미해독 문자나 언어의 해독 가능성을 현실로 만들어 갈 수 있다는 기대를 높이고 있다.

더불어 본래 문서 해독은 연구를 시작하기 위해 방대한 학문적 배경을 갖춰야 하며, 단기간에 실질적인 성과를 내기도 어려운 분야였다. 이러한 탓에 절대적인 연구자의 수가 적었으며, 대규모 투자도 유치하기 어려웠다. 그러나 최근 몇 년간 인공지능을 비롯한 현대의 여러 기술들이 연구의 진입 장벽을 낮추고 있으며 다양한 챌린지를 통해 적지 않은 상금이 수여되어 관심을 모으고 있다. 이처럼 꾸준한 연구와 투자가 지속된다면 현재 직면한 난제들을 점진적으로 해결할 수 있을 것으로 기대된다. 아래에서는 연구 성과를 정리한 소머스킬드 외 (Sommerschield et al., 2023)의 논의를 참조해 이를 실현하기 위해 필요한 몇 가지 사항을 제시한다.

첫째, 학제 간 협력의 강화가 필수적이다. 컴퓨터 과학자, 역사학자, 언어학자 및 여러 분야의 전문가들이 협력하면, 해당 문서의 특수성을 반영한 실험 설계가 가능해지고 필요한 기법을 효과적으로 적용할 수 있을 것이다. 이러한 협력은 인문학 학계가 새로운 방법론을 깊이 이해하고, 학문적으로 가치 있는 연구 주제를 발굴하고 해결하는 데 기여할 수 있을 것으로 보인다.

둘째, 데이터 편향 제거 및 신뢰성 제고가 필요하다. 기존 학계의 연구 결과가 학습 데이터에 반영되었을 때, 데이터 편향을 초래할 가능성이 있다. 연구자들은 이러한 위험성을 인지하고 경계할 필요가 있다. 또한 데이터의 불균형으로 인해 특정 언어와 지역에 대한 과소대표 문제가 발생할 수도 있다. 이러한 문제를 해소하기 위해 더 다양한 언어와 텍스트를 포함한 데이터셋을 구축할 필요도 있다.

셋째, 표준화된 벤치마크와 평가 기준의 확립이 요구된다. 현재 사용되고 있는 데이터셋과 평가 기준이 일관되지 않아 연구 결과를 비교하거나 참조하기 어렵다. 따라서 연구자들이 결과를 재현하고 신뢰할 수 있도록 통일된 테스트 환경과 평가 기준을 마련할 필요가 있다. 이러한 작업은 연구의 신뢰성을 높이고 체계적인 발전을 가능하게 할 것이다.

AI는 조수일 뿐

문서 해독은 아무리 기술이 발전하더라도 최종적으로는 인간의 지식과 해석이 필요한 작업이다. 인공지능은 방대한 데이터를 처리하고 패턴을 찾아내는 데 뛰어나지만, 그 결과를 이해하고 역사적·문화적 맥락에 맞게 해석하는 것은 인문학 연구자의 역할이다.

따라서 앞으로는 인문학 연구자들이 쉽게 접근하고 활용할 수 있는 도구가 필요할 것이다. 직관적 인터페이스와 명확한 데이터 시각화를 제공하는 인공지능 기반

툴은 연구자들의 생산성을 높이고, 해독 과정에서 기술과 인문학의 간극을 줄이는 데 큰 역할을 할 수 있다(물론 당연하게도 인문학 연구자들도 직접 인공지능 기술을 경험하며 배우는 자세를 가질 필요가 있다). 더불어 그러한 간극은 기술 전문가와 인문학 연구자 간의 협업을 통해서도 해결될 수 있다. 서로의 전문성을 이해하고 공유할 수 있는 플랫폼과 워크숍이 마련되면 협력의 시너지가 극대화될 것이다.

이러한 차원에서, 최근 ACL 2024 학술대회에서 열린 ML4AL(Machine Learning for Ancient Languages) 워크숍을 소개할 수 있다. 이 워크숍은 인공지능을 활용한 고대 언어 연구에 대해 논의하고 협력하기 위해 만들어진 것으로, 2024년에 시작되었다.

한국에서도 최근 한국디지털인문학협의회와 디지털인문지식유산학회가 발족해 디지털 기술을 활용한 인문학 연구와 협력을 촉진하는 활동을 이어 가고 있다. 이러한 플랫폼들을 통해 인공지능과 인문학 연구가 통합되어, 문서 해독에 새로운 가능성이 열릴 것으로 기대된다.

참고문헌

디지털인문지식유산학회. http://www.dhka.kr/

한국디지털인문학협의회. https://www.kadh.org/

Ferrara, S., & Tamburini, F.(2022). Advanced techniques for the decipherment of ancient scripts. *Lingue e Linguaggio, 21*(2), 239-259.

ML4AL(Machine Learning for Ancient Languages). https://www.ml4al.com/

Pavlopoulos, J., et al.(2024). Proceedings of the 1st Workshop on Machine Learning for Ancient Languages (ML4AL 2024). Association for Computational Linguistics.

Sommerschield, T., et al.(2023). Machine learning for ancient languages: A survey. *Computational Linguistics, 49*(3), 703-747.

이홍구

서울대학교 규장각한국학연구원에서 일하고 있으며 한신대학교에서 한국어문학 전공 강의를 하고 있다. 서울대학교 국어국문학과에서 박사 과정을 수료했다. '네이버 AI 용어사전'의 필진으로 참여했으며, '국어 어원사전 편찬 사업' 등 각종 사전 편찬 및 말뭉치 구축 사업에 참여했다. 주요 연구로는 "중세 한국어 양보문 연구"(2021), "딥러닝 기반의 언간 자료 문자 판독기 구현에 대한 연구"(2022), "이기영과 충남방언"(2023) 등이 있다.